検察官の仕事がわかる本

改訂版

法学書院

はしがき

　みなさんが，検察官あるいは検事さんをイメージするのはどんな時でしょう？　テレビ画面に大きく映し出される，汚職事件等で捜査に踏み込む検察官の姿……そんな光景が目に浮かぶのではないでしょうか。しかし，テレビ・新聞等を賑わすような大きな汚職事件等そうそうあるものではありません。みなさんが想像される"疑惑の城へと勇ましく踏み込む検察官の姿"など，あくまで検察官の一断面に過ぎないのです。実際，検察官の仕事を少し掘り下げてみると，それは一目瞭然です。検察官が犯罪撲滅のためにいかに地道な活動に励んでいるのかがわかります。

　通常ではあまり目にすることができない，そんな検察官の普段の仕事を分かりやすく解説し，実際の検察官の生の声を皆さんにお伝えするのが，この「検察官の仕事がわかる本」です。「Part 1」では，検察官の仕事の全体像を，法的位置づけに即しながらやさしく説明しました。そして「Part 2」では，5名の現役検察官・検察官OBの方々に登場していただき検察官としての自らの体験をふまえて，その思うところを綴っていただきました。

　また「Part 3」では，検察官になるにはどうすればよいのかを竹村眞史弁護士にご執筆いただきました。

　この本を読まれたみなさんも，ぜひ将来は検察官の世界で活躍されんことを期待しています。

　なお，今回の改訂にあたりましては，全体の見直しをし，とくに「Part 3」については，ロースクールなどの最新情報も取り入れて全面的に書き改めました。

　最後になりましたが，本書を編集するにあたり，お忙しいな

はしがき

かご執筆いただいた検察官・検察官OBの方々に厚く御礼申し上げる次第です。

　平成15年5月

編　者

もくじ

Part 1　検察官とは
　～検察官の仕事の魅力とその世界～　………関　二三雄

● 検察官って何だろう？ …………………………………2
　1．検察官に対するイメージ ………………………2
　　(1) はじめに …………………………………………2
　　(2) 「検察」という言葉………………………………3
　　(3) 「検察官」を表現するにあたって………………5
　　(4) 「検察官」の定義………………………………8

　2．検察庁という組織 ………………………………10
　　(1) 検察官と検察事務官……………………………10
　　(2) 地検・高検・最高検……………………………11
　　(3) 検察官の肩書き…………………………………13
　　(4) 検察を構成する各部門…………………………15
　　(5) 正検事・副検事・特任検事……………………16
　　(6) 検察官の定年，そして給与……………………22

● 検察官の仕事について …………………………………24
　1．検察官独任官庁制とは …………………………24
　　(1) 国家の刑事訴追官………………………………24
　　(2) 起訴権限の独占——検察官独任官庁制 ………25
　2．捜査処理について ………………………………27
　　(1) 捜査の手続きの流れ……………………………27

もくじ

- (2) 「捜査」についての関連条文 …………………………*31*
- (3) 検察官同一体の原則…………………………………*33*
- (4) 身柄事件と在宅事件…………………………………*35*
- (5) 捜査の具体的内容……………………………………*36*
- (6) 捜査の実際……………………………………………*38*
- (7) 身柄拘束に関する規定………………………………*39*
- (8) 「取り調べ」…………………………………………*47*
- (9) 事実の認定と証拠……………………………………*51*
- (10) 最終処分 ……………………………………………*52*

3．検察官による公判活動とその準備について …………*56*
- (1) 公判における検察官の役割…………………………*56*
- (2) 「ベスト・エビデンス」……………………………*57*
- (3) 公判手続きの過程……………………………………*58*
  - ① 冒頭手続き ………………………………………*58*
  - ② 証拠調べ手続き …………………………………*59*
  - ③ 証拠調べ終了後の手続き ………………………*61*
  - ④ 判決言い渡し ……………………………………*61*

4．公判立ち会い検察官の職責 ……………………………*62*
- (1) 公判にあたっての準備………………………………*62*
- (2) 公判における重要事項………………………………*63*
  - ① 冒頭手続きにおける人定質問 …………………*63*
  - ② 証拠調べ手続き …………………………………*64*
  - ③ 具体的な立証活動 ………………………………*65*
  - ④ 論告 ………………………………………………*66*

⑤　刑期の言い間違え　…………………………………67

● 5．刑の執行について　……………………………………68
　（1）　刑の執行…………………………………………………68
　（2）　死刑の執行………………………………………………70

● 検察官の具体的な活動── 一つの事件を通して　…………71
　1．事実の概要──強姦致傷事件　…………………………71
　2．捜査の経緯について　……………………………………72
　3．公判に至るまでの状況について　………………………78
　4．公判の推移について　……………………………………80

● ある検察官の1週間　………………………………………83
　1．検察官の1週間　…………………………………………83
　2．検察官の仕事における喜び　……………………………89

Part 2　検察官の「仕事」ウォッチング
　〜検察官5人の仕事と日常〜

● 先輩検事の助言，金言，格言集　……………山下　輝年　94
● 検事の生活　……………………………………立石　英生　108
● 僕が検事になった理由，
　　そして検事を辞めた訳　……………………今井　秀智　125
● 「検事も人の子」………………………………島田　健一　144
● 新米検事の一言　………………………………倉持　俊宏　155

もくじ

Part 3　検察官になるには
　　〜司法試験のあらましと司法研修所での生活〜…竹村眞史

1 司法試験という関門 …………………………………………174
- 裁判官,検察官,弁護士になるには　*174*
- 誰に対しても道は開かれている　*174*
- 司法試験の仕組み　*175*
- 第2次試験について　*176*

2 試験に挑戦する人たち …………………………………*180*
- 受験生の生活　*180*
- 司法試験と名門校　*181*
- 女性の合格者　*182*

3 いま,どう学ぶべきか …………………………………*183*
- 高校生のみなさんへ　*183*
- 大学生のみなさんへ　*184*

4 司法研修所での生活 ……………………………………*186*
- 司法試験合格,そして司法研修所へ　*186*
- 5万m²の殿堂　*187*
- 修習生の生活　*188*
- 修習生の身分　*197*
- "法曹"になるための最後の試験　*198*
- "法曹"として巣立つ　*198*

5．ロースクール ……………………………………………………201
- ロースクール概論　*201*
- ロースクールとは　*201*
- ロースクールに入るには　*202*
- 司法試験はどうなるのか　*204*
- 新司法試験とは　*204*
- 受験回数制限について　*206*
- 最後に　*207*

● 検察・裁判修習 ……………………………………篠田　憲明…*189*

Part 1
検察官とは

検察官の仕事の魅力とその世界

元検察官　関 二三雄
（せき ふみお）

検察官って何だろう？

1. 検察官に対するイメージ

（1）はじめに

　これからみなさんに，検察のしくみ，検察官とは何か，検察官とはどのような仕事をしているのか，検察官とよばれる人々はどんな人達なのか，さらに，検察官が勤めている検察庁というのはどこにあってどんな組織なのか……といったことがらについて，順に説明していきたいと思います。

　そして，検察官の行う仕事のなかで，検察官の捜査とはどのように進められるものなのか，起訴された事件が公判廷で審理

される際に検察官はその準備として何をするのか、また公判が始まってからの検察官の役割はなにか、そして、審理が終わると裁判所が判決を下すわけですが、有罪判決となってその刑を執行する必要が生じた場合の検察官が果たす大きな役割等について、一つの事件をモデルにするなどして部分的にはかなり突っ込んだ形で述べていきたいと思います。

検察官は一つの事件にかかりきりになるわけではなく、同時に並行して、いくつかの事件の処理を担当します。そこで最後に、1人の検察官のある1週間をモデファイして説明いたしますので、検察官の職場での毎日の過ごし方のイメージを感じてもらえればと思います。

こういった検察官像を知ることによって、「検察」に対する正しい理解を得てもらい、さらにはその仕事に意義を認めることで、将来検察官になってみようという方が出てくださるようであれば、望外の幸せです。

私の知っている元検察官は、「検察官を志望したのは、学生時代に知った検察官の生活と仕事に、清廉さへのあこがれと素朴な正義感の充足への期待を見い出したからです。」と話していました。

(2)「検察」という言葉

いま「検察」という言葉を使いました。また事件に関するテレビや新聞の報道でも、よく「検察側」という表現が使われます。

一例をあげますと、ある事件について、1審(通常は各地の

> 検察官とは

地方裁判所が1審の裁判所となっています）で無罪判決が出たとします。そうしますと，担当のその地域の地方検察庁（通常「地検」とよんでいます）の次席検事（この肩書きは，地検のナンバー2の地位です。地検のトップを「検事正」とよび，その次の席を占める者ということなのです。これらの名称については後で詳しく説明することにします）が記者会見をして所見を表明するのが通例です。そして，それが記事になると，例えば，「検察側は，控訴の要否については，判決文を詳細に検討し，上級庁とも相談のうえで，適切に対応したい旨表明した」などという表現に往々にしてなってしまいます。

最近は，著名事件の主任検察官（主に共同捜査の事件に関して，事件処理につき主任として最終の重い責任を担当する検察官を意味します）の名前を記事の中に掲載することもありますが，検察の仕事に関しては，個人名を表に出さないことが長い伝統になっています。これは，後で説明する「検察官同一体の原則」という考え，ひらたく言えば検察は組織としてまとまって行動するものだ，という考えに基づくものです。

やや漠然としていて分かりにくいかもしれません。この点については，さらにお話しするとして，何となく検察のイメージを感じていただくために，スタートとして紹介してみたわけです。

それでは，以下順に説明していきましょう。説明のなかには，関係する条文も必要なかぎり掲載することにします。いったいどんな規定の仕方で表現されているか，法学部の学生でも普段は接することのない規定も多いでしょうが，参考に掲載することで，みなさんも興味を持って読んでいただけるでしょう。

検察官とは

執筆者紹介

関　二三雄　*Fumio SEKI*

　　　　　　山梨県甲府市出身
　　　　　　早稲田大学政治経済学部
　　　　　　卒業
昭和56年　　　司法試験合格
昭和59年４月　東京地検
昭和60年４月　岐阜地検
昭和63年４月　横浜地検
平成２年４月　東京地検
平成４年４月　弁護士登録（山梨県
　　　　　　　弁護士会）
平成12年４月〜13年３月　山梨県
　　　　　　　弁護士会副会長
現在　　　　　関法律事務所所属

　「検察」だけでなく「法律」そのものに対しても理解を深め，興味を持ってもらうために，法律的なものの見方や考え方にも積極的に触れて説明してみたいと思っています。

（3）「検察官」を表現するにあたって

　検察官とはいったい何と表現したらよいのでしょうか。

　それを考えるにあたってまず紹介しておきたいことは，検察官を始め，弁護士あるいは裁判官という法律家は，法律上の用語について定義付けをしたがるということです。それは，法律そのものが，世の中で起きた事柄から，法律の目から重要と思われることをピックアップして，必要とされる事柄がそろったら（これを「法律要件」といいます。いわば法律が適用されるため

検察官とは

● **法務省の機構**——検察庁の位置づけ

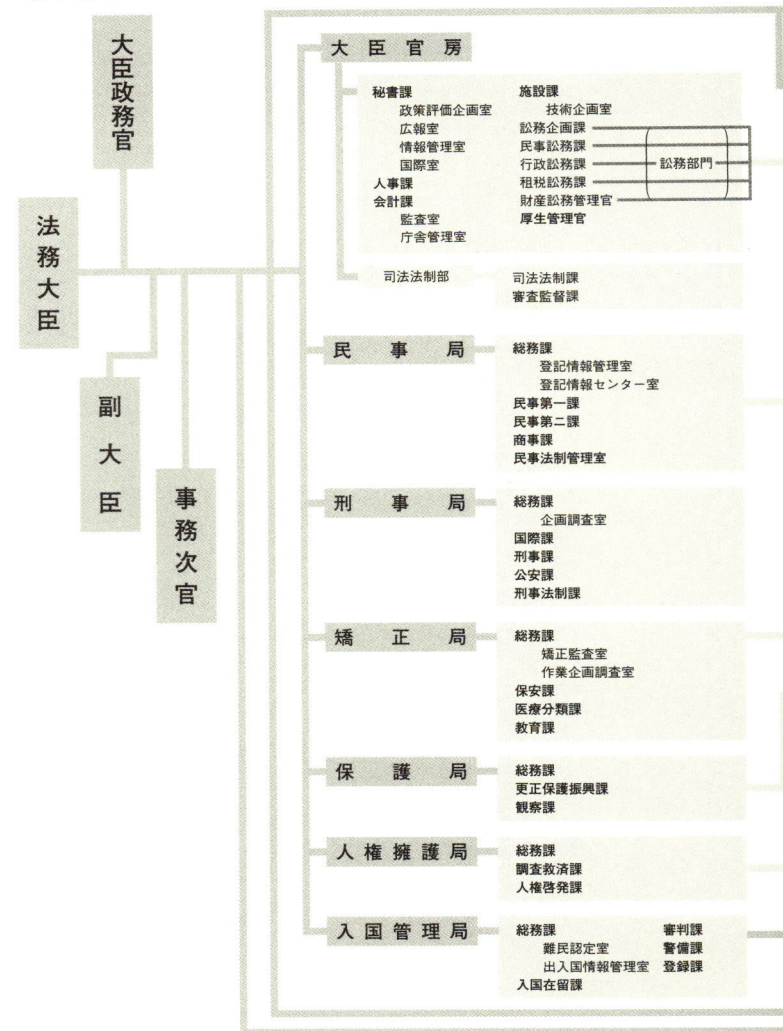

検察官って何だろう？

検察官とは

検察官って何だろう？

> 検察官とは

の「条件」とお考えいただければよいでしょう），法律上のある結果（これを「法律効果」といいます。これは，法律が法律要件を満たす事実が発生したときに，法律の適用を肯定し，一定の法律の発動を効果として認めることをいいます）を産み出すという仕組みになっているからです。このように，法律の解釈というのは，すぐれて論理的であり，前提を踏まえて次の論述を進めていくというこの発想は，まことに数学のものの考え方に近似しているといえます。

（4）「検察官」の定義

それでは定義の重要性，法律という人文科学の考え方を踏まえて，「検察官とは」という検察官の定義について考えてみましょう。それを検討するにも，まずは実定法における条文の規定はどうなっているかということから見てみることにしましょう。

検察庁法第4条には，「検察官の職務」というタイトルのもとに「検察官は，刑事について，公訴を行い，裁判所に法の正当な適用を請求し，且つ，裁判の執行を監督し，又，裁判所の権限に属するその他の事項についても職務上必要と認めるときは，裁判所に，通知を求め，又は意見を述べ，又，公益の代表者として他の法令がその権限に属させた事務を行う。」と規定されています。これが，現行の法制度のもとで定められている，検察官の職務及び権限の内容です。

あまり細かい議論は避けますが，この検察庁法第4条の規定によれば，種々雑多な事項を検察官が行うことになっているのが分かるでしょう。検察官が担うすべての事項を統一的に構成

することは，かなり困難と言わざるをえません。

　一応，ある程度の整理をしてみますと，

　①刑事事件に関すること，すなわち，公訴を提起し，裁判所に刑罰権を発動せしめ，下された判決によって認定された具体的な刑罰権の執行の任にあたること
　②裁判所の権限に属する種々の事項について，通知を求め，又は意見を述べること
　③公益の代表者として，種々の法令が認めた権限を行使すること

ということになります。

　結局，これらの権限を行使する立場にあって，その職責を担う国家公務員を検察官と呼称するということになります。

　これらの権限及び職責において，最も重要なものが，①の刑事事件に関することといえるでしょう。

　刑事訴訟法第247条は，「国家訴追主義」という表題のもとに，「公訴は，検察官がこれを行う。」と規定し，原則として，刑事事件の公訴の提起，及びその遂行は，挙げて検察官の権限，責務であることを明らかにしています。つまり，検察官は起訴権限を独占する重要な官吏であるわけです。検察官の公訴提起及びその遂行に関しては後でより詳しく説明したいと思います。

検察官とは

2. 検察庁という組織

(1) 検察官と検察事務官

　このような重大な職責を有する検察官が多数集まって,「検察庁」という組織をつくっています。

　この検察庁には, 検察官（後に説明するように, 検察官は「(正)検事」と「副検事」とに分けられます）はもとより, 検察事務官も所属しております。事件処理の中心にあって活躍するのが, 正検事の職責ですが, 大きな事件においては共同捜査が行われることは常日頃のことであり, その際には捜査のベテランである副検事が一員として活躍しますし, さらには検察事務官が車の両輪のようにして検察官と共に息を合わせて捜査に携わります。これらの人々の尽力がなければ, 捜査の進展を図ることなどほとんど不可能です。

　分かりやすい例をあげますと, みなさんはよくテレビや新聞等の報道で, 大きな刑事事件に関して検察庁の職員が一斉に関係箇所の捜索（このことを, 通称「ガサ入れ」といいます）に入ったというニュースを耳にすることがあると思います。あの報道された記事のなかに登場する検察庁職員のほとんどが検察事務官なのです。検察官はそのなかのほんの一部であり, これらのことから検察庁における検察事務官の重要性をご理解いただけるでしょう。また, 検察事務官は単に検察官の補助をするだけの職責を負うのみではなく, 独立して捜査に従事する資格を

法律上有していますし，実際にその通りの仕事を多くの検察事務官が行っています。

（2）地検・高検・最高検

検察庁は実際どのように構成されているのでしょうか。これを見てみましょう。一般には，組織としての各検察庁の有り様について，テレビや新聞のニュース報道等で断片的にしか知ることができません。そこで検察庁のしくみについて全体を鳥瞰するために，現行法規の規定がどうなっているかを見てみましょう。

検察庁法第1条は，その第1項において「検察庁は，検察官の行う事務を統括するところとする。」と規定しており，同条の第2項では検察庁の分類に関して「検察庁は，最高検察庁，高等検察庁，地方検察庁及び区検察庁とする。」と定めております。

最高検察庁は日本全国に一つだけ存在し，これまた一つしか

●検察事務官の主な職務権限

- ●被疑者の取調べ　　　　　　　　　　　　（刑事訴訟法第98条）
- ●逮捕状による逮捕　　　　　　　　　（刑事訴訟法第199条第1項）
- ●緊急逮捕とその場合における逮捕状の請求（刑事訴訟法第210条）
- ●差押え，捜索，検証又は身体検査の令状の請求とその執行
  　　　　　　　　　　　　　　　　　　（刑事訴訟法第218条第1項）
- ●第三者の取調べと鑑定等の嘱託　　（刑事訴訟法第223条第1項）
- ●被疑者の鑑定留置請求及び鑑定処分許可請求
  　　　　　　　　　　　　　　　　　（刑事訴訟法第224条第1項等）
- ●検察官の命による検視　　　　　　（刑事訴訟法第229条第2項）

検察官とは

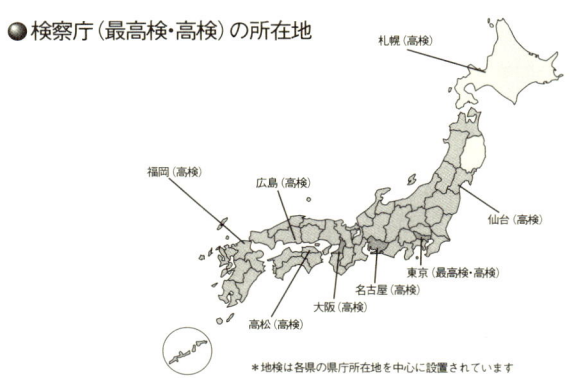

●検察庁（最高検・高検）の所在地

＊地検は各県の県庁所在地を中心に設置されています

ない最高裁判所に対応しています。高等検察庁は全国で八つ置かれていて，同じ場所に同じ数で設置されている各高等裁判所に対応するものです（それぞれの所在地は北から札幌，仙台，東京，名古屋，大阪，高松，広島，及び福岡になります）。各地方検察庁は都道府県の（都道府）県庁所在地を中心として設置され，同じ形で設置されている各地方裁判所及び各家庭裁判所に対応する形になっています。各区検察庁は都道府県の中に数か所設置され，それは同じ形で設置されている各簡易裁判所に対応しています。

なお，以上のことは検察庁法の第2条第1項及び第2項に規定されています。

さてこのような組織で構成されている検察庁に，検察官はどのように係るものとされているのでしょうか。この点に関しては，検察庁法第5条が，検察官の所属を踏まえて，検察官の職

務の管轄に関し,「検察官は,いずれかの検察庁に属し,他の法令に特別の定のある場合を除いて,その属する検察庁の対応する裁判所の管轄区域内において,その裁判所の管轄に属する事項について前条(既に説明した「検察官の職務」が記載されている検察庁法第4条のことです)に規定する職務を行う。」と定めています。すなわちそれぞれの検察官はその所属する部署に応じての職務区分が,対応する各裁判所の管轄事項に応じて決定されることになります。

(3) 検察官の肩書き

このような形式の各組織に所属する検察官は,いったいどのような肩書きがつけられているのでしょうか。ここで,テレビや新聞などのニュース報道で耳にする検察官の肩書きについて述べてみましょう。これから述べる肩書きは,いわゆる職名とよばれる職掌上の名称で,検察官という捜査及び訴訟手続きの上で冠せられる官名とは区別されています。

まずは,最高検察庁(通常,「最高検」とよばれています)のトップであることはもちろんのこと,全検察庁のトップに立ち,いわば検察の顔ともいうべき立場にいる人として,みなさんも聞いたことがあるかもしれない「検事総長」から紹介しましょう。検事総長に関しては,検察庁法第7条第1項において「検事総長は,最高検察庁の長として,庁務を掌理し,且つ,すべての検察庁の職員を指揮監督する。」と規定されています。なお,最高検察庁のナンバー2として次長検事が置かれていて,検察庁法第7条第2項には,「次長検事は,最高検察庁に属し,検事総長を補佐し,又,検事総長に事故のあるとき,又は検事

> 検察官とは

総長が欠けたときは，その職務を行う。」とされています。

　組織を一段下位に移して，各高等検察庁（通常，「高検」とよばれています）のトップを見てみましょう。そこには「検事長」とよばれる8人（高検が全国で8か所に置かれていることは前に述べておりますが，このことから当然8人の検事長がいることになります）の検事がいます。検察庁法第8条には「検事長は，高等検察庁の長として，庁務を掌理し，且つ，その庁並びにその庁の対応する裁判所の管轄区域内に在る地方検察庁及び区検察庁の職員を指揮監督する。」と規定されています。また，高検のナンバー2として次席検事という地位も設けられております。

　さて次は，組織をもう一段下位に移して，既に名前の出た地検を見ることにします。そこにはこれまた既に説明しました「検事正」というナンバー1がいるわけです。「検事正」に関しては，検察庁法第9条第1項に「各地方検察庁に検事正各1人を置（以下，略)」くと規定されています。この検事正の仕事については，検察庁法第9条第2項に「検事正は，庁務を掌理し，且つ，その庁及びその庁の対応する裁判所の管轄区域内に在る区検察庁の職員を指揮監督する。」と記されています。ナンバー2は高検の場合と同様に次席検事となります。

　さらに組織を一段下位に移して，区検察庁（通常，「区検」とよばれています）を見てみますと，上席検察官という肩書きが設けられています。これについては，検察庁法第10条において，まず第1項に「2人以上の検事又は検事及び副検事の属する各区検察庁に上席検察官各1人を置き，検事を以てこれに充てる。」とされており，第2項には「上席検察官の置かれた各区検察庁においては，その庁の上席検察官が，その他の各区検察

庁においては，その庁に属する検事又は副検事（副検事が2人以上あるときは，検事正の指定する副検事）が庁務を掌理し，且つ，その庁の職員を指揮監督する。」とされています。ちなみに，区検察庁についての上席検察官は，その地検の次席検事が兼任する場合が多いのです。

(4) 検察を構成する各部門

これらのなかでとりわけ注目を浴びるのは，地検のレベルでの捜査及び第1審の公判ということになるでしょう。高検はもとより，区検においても，各所在地によって規模が相違しておりますが，地検のレベルにおいては，大都市所在の地検とそれ以外の所在地の地検とでは，かなり異なった陣容，組織立てがなされています。

例えば，東京地検のような大規模庁では，捜査の分野を担当する部門として，警察官送致による一般刑事事件を専門に取り扱う刑事部，交通関係事件を専ら処理する交通部，過激派事件等の公安の平穏が害される事件等を主に取り扱う公安部，そしてとりわけ注目を浴びることとなる背任や脱税等の経済事件，さらに汚職事件を担当する特捜部（特別捜査部）が挙げられます。なおこの特捜部においては，大型経済事犯につき警察からの送致事件として処理を進めたり，脱税事件については国税局査察部と共同して捜査を行うことが通例ですが，その他の事件は，特捜部のみで他の力を借りずに単独で進めています。このいわゆる独自捜査が検察捜査において大きな存在意義をもつことになります。高度な法律知識を有し，世俗の組織や人との「癒着」と評価されるような深い係り合いを自制のうえで一切持た

検察官とは

ない特捜検事が，告訴・告発等の捜査の端緒を踏まえ，巨悪を眠らせまいとして捜査を積み重ねていき，事件の大きな全体像が描けた時に一気に強制捜査に踏み切るという流れは，まるで一つのドラマを見るがごとく人々の目には写ります。この強制捜査に踏み切る時には，各地の地検レベルから要請のうえで応援検事を派遣してもらって，人員的にも補強するということが往々行われております。

このような捜査処理の分野とは別に公判を担当する部門として，公判部というものが挙げられます。東京地検のような大規模庁では公判請求事件の数も多く，地方の地検がその事件を起訴した検察官によって公判が担当される（いわゆる「主任立会制」とよばれるものです）のとは異り，公判を専門に担当する検事を置くことによって事務処理の能率化を図っているのです。もちろん，公判部の検事は並行してかなり多数の事件の公判審理を担当しています。

このような捜査及び公判という刑事事件の直接処理を担当する部門以外にも，司法修習生の研修の主催等，いわゆる総務部門を担当する総務部も，東京地検には設けられています。

これらの事柄を踏まえて後ほど検察官の仕事について解説することになりますが，その場合の具体的な仕事の中身は地検に所属する検察官の職務を中心にしたいと思います。

（5）正検事・副検事・特任検事

ここで，検察官とよばれる人々が，どのような身分上の扱いを受けるか，人事としての検察官の制度を説明することにします。後で「Part 3 検察官になるには」において，検察官にな

検察官とは

● 大規模な地検の機構

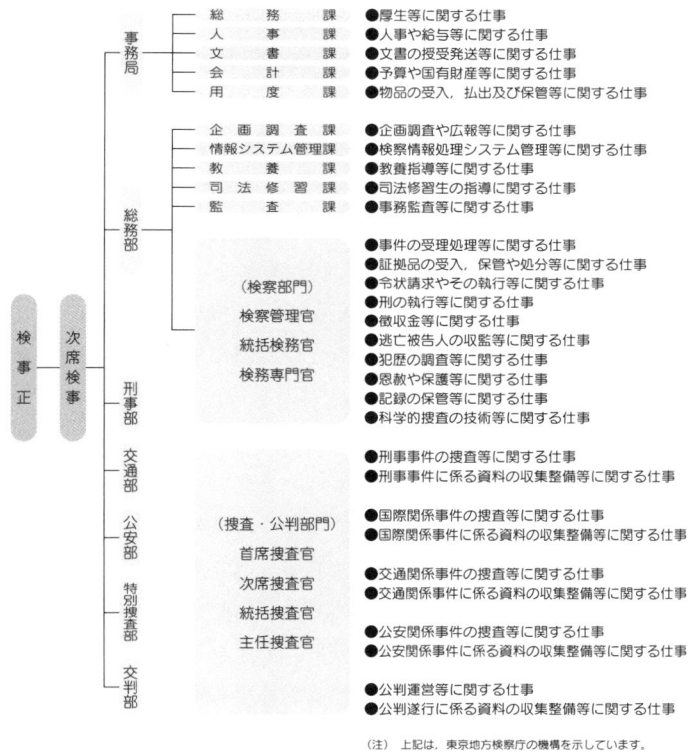

(注) 上記は、東京地方検察庁の機構を示しています。
検察庁の規模等に応じて編成されている部・課・室の名称及び数は変わりますが仕事の内容は同じです。

るためにいかに努力したらよいかを解説することになっていますので、それとは重複しない程度にとどめてお話ししましょう。

既に、「検察官は、検事総長、次長検事、検事長、検事及び副検事とする。」（検察庁法第3条）と規定されていることや、その官名とは別に、職名として検事正や上席検察官なる地位も

検察官って何だろう？

> 検察官とは

あることは説明しました。検察官の具体的職務の担当の決定は，検察庁法第16条に「補職」という表題のもとに，まずその第1項で，「検事長，検事及び副検事の職は，法務大臣が，これを補する。」と規定されており，さらにその第2項において，「副検事は，区検察庁の検察官の職のみにこれを補するものとする。」とされております。したがって各検察官は，法務大臣の名のもとに人事の辞令を受け，具体的な配属庁や職務分担が決められることになります。通常は，毎年春4月初めころまでに人事の正式発令があり，配置替えになった検事は引っ越しをし，新しい任地に赴任するなどして新たな職務に取り組むことになります。

なお，検察庁法第16条の補職の規定において，第2項には副検事が区検の職のみに補される旨定められていますが，実際には区検の仕事にのみ従事するのではなく，地検の「検察官事務取扱」という辞令を受けて，地検で扱うべき事件の一部について捜査や公判の処理を担当しているのが常態です。また正検事と共同捜査というチームをつくって，大きな事件の捜査処理の一翼を担っています。したがって，副検事の存在は，検察官全体の職務の推進に関して，とても重要なものであることは異論を見ません。

この副検事という地位は，正検事との名称の相違からも分かると思いますが，法曹の登竜門とよばれる，いわゆる「司法試験」の合格者のなかから採用されるものではありません。多くの場合，検察事務官の経験を重ね検察事務に精通した者のなかから，考査試験に合格した者が採用されることになります。検察庁法第18条には，その第1項において，「(略) 検察官の任命

検察官とは

▲法務省の新・旧庁舎
（後が新庁舎）

及び叙級は，左の資格の一を有する者に就いてこれを行う。」と定め，その一として「司法修習生の修習を終えた者」と定めています。これが正検事となるいわゆる「司法試験組」についての規定です。引き続いて第2項において，「副検事は，前項の規定にかかわらず，次の各号の一に該当する者で，政令で定める審査会の選考を経たものの中からもこれを任命することができる。」とし，そのなかの2において「3年以上政令で定める2級官吏その他の公務員の職に在った者」を受験資格を有するものとしています。この定めに基づいて検察事務官のなかから挑戦者が出ているのです。もちろん，検察事務官ばかりではなく，刑事事件の立ち会い経験のある裁判所書記官からの合格者も相当数おり，なかには自衛隊職員出身の方等もいて検察事務において活躍されています。この考査試験もなかなか難しい

検察官とは

試験で,一度で簡単に合格するのは困難であり何回もチャレンジして栄冠を勝ち取っている方が多いというのが実際です。

正検事に関しては,司法修習生としての修習を終えて直ちに任官するという道ばかりでなく,最近は広く門戸を開いて,検察庁法第18条第1項のなかの2に規定されているように「裁判官の職に在った者」から採用されている者や,最近では弁護士を経て検事に任官している例も出てきています。

とりわけ,近時公務員の見識をより向上させようということで,「判検交流」と表現していますが,裁判所との人事交流という面から毎年一定数の人員を検事から判事に,また逆の判事から検事に出向させるという形が取られています。さらには検事が他の省庁(例えば,内閣法制局や外務省等)に出向するというような人事交流も進められており,各方面で検事が大きな役割を果たしております。

なお,司法試験合格から司法修習生を経て検事任官という,一番通例のコースについては「Part 3 検察官になるには」で説明することにします。司法修習生の日常生活は,数年前にNHKの朝のテレビ小説「ひまわり」で取り上げられていましたのでご覧になった方も多かったのではないでしょうか。そのワンシーンにもあったと思いますが,検察官はその地位を表すバッジを背広の襟に付けております(女性検事に関しては安全ピンがついたバッジで服に止めることになっています)。このバッジは,真ん中に赤い太陽を表す紋様があって,その回りに霜を意味する模様が

検察官のバッジ

▲法務省旧庁舎
（現在，法務図書館等が入っている）

付けられ，いわゆる「秋霜烈日」という名称で，その意味するところを表現しています。これは，火の如き情熱をもって，厳しい職責を果たすという意味であると一般に説明されています（ちなみに正検事のバッジは全体の基調の色として金色を用いています。副検事はそれが銀色となっている点で違いがあります）。

やや長くなりましたが，もう一つ触れておかなければならないのは，検察庁法第18条第3項に規定されているいわゆる「特任検事」の制度です。そこには「3年以上副検事の職に在って政令で定める考試を経た者は，第1項の規定にかかわらず，これを2級の検事に任命及び叙級することができる。」とされています。この考査試験は特に難関ですが，合格者のなかから検事正の地位まで進んだ方も出ており，今後も忘れてはならない制度であるといえるでしょう。なお，批判もありますが，この

特任検事の経験者は退官後に弁護士になることは認められておりません。

（6）検察官の定年，そして給与

検察官の人事上の取り扱いに関して，その定年の規定と俸給等の身分に関わる事項についても見ておきましょう。

検察庁法第22条には，「検事総長は，年齢が65年に達した時に，その他の検察官は年齢が63年に達した時に退官する。」と規定され，検事総長の地位の安定を考慮して，その他の検察官と異なり，検事総長のみの定年が2年遅くなるという特別な扱いになっています。また検察官は検察官適格審査会（検察庁法第23条）によって適格性がないと判断されて罷免される以外には，その職務の適正な確保のために身分保障が考えられています。検察庁法第25条は「検察官は，前3条の場合（定年，検察官適格審査会の議決，剰員）を除いては，その意思に反して，その官を失い，職務を停止され，又は俸給を減額されることはない。但し，懲戒処分による場合は，この限りでない。」と規定しています。

俸給については，検察庁法第21条に，「検察官の受ける俸給については，別に法律でこれを定める。」と規定されています。法律の制定という形で安易に変えることができない，すなわち簡単に減額されることのないように，重要な事項として取り扱われているわけです。検察官の職務が刑事事件の処理に携わるものであることから，その職務遂行に対し他からの間接的圧迫等が加えられるおそれは強く，特に行政権を行使する，時の政府の意向に左右されないように，裁判官に関して認められてい

る身分保障に準じた強い身分の保障が認められているのです。他でも説明することになりますが，検察官の職務それ自体に関して，個々の検察官を独立の官庁とし，法務大臣が個々の事件について担当検察官に直接の指導ができず，ただ検事総長のみに指示できるという仕組みをつくっているとしても（いわゆる法務大臣の指揮監督権の制限），時の内閣や法務大臣が自由に検察官を罷免したり，検察官に対して身分上の不利益な処分を行ったりすることができると，検察権の独立の担保は有名無実に帰することになってしまうからです。そこで検察官については，既に説明したとおりの厚い身分保障が与えられているのです。

検察官の仕事について

1. 検察官独任官庁制とは

(1) 国家の刑事訴追官

　これから，検察官の仕事について見ていくことにしましょう。まずはその導入として，検察官の職務のうちで中心的な事柄である刑事事件について説明することにします。

　わが国の刑事司法手続きにおいては，検察官が国家の刑事訴追官として公訴権を独占し，その権限行使に誤りのないよう適正を期するために自らも捜査を行い，原告官の立場に立って刑事訴訟を提起し，起訴された刑事事件の公判遂行の任に当たる

とともに，言い渡され確定した裁判の執行を指揮監督するなどしています。刑事司法の運営の中心的な役割を担っているといえましょう。

また現実にも，警察の優秀な捜査能力とあいまってこの検察官の活動がわが国における適正な刑事政策の実現につながり，ひいては他国よりもはるかに秀でた犯罪発生の抑制・防止にも大きく貢献していることは再三指摘されているとおりです。

（2）起訴権限の独占 ——**検察官独任官庁制**

検察官は起訴権限を独占する官吏であるわけですが，これは個々の検察官が検察権を行使する権限を持つ官庁であると考えられています。すなわち個々の検察官が官庁として検察権行使の権限を持つのであって，検察庁の長（地検でいえば検事正）のみがこの権限を持つものではありません。内部で検察処理の統一性を保持するため，担当検察官が，次席検事さらには検事正の決裁を受けたうえで起訴（あるいは不起訴）の事件処理をするわけですが，対外的には，有効な起訴をするために，検事正や次席検事の決裁は必要な条件ではないということになるのです。万一この決裁を欠いても，起訴手続きが担当検察官によって裁判所に対してなされれば，起訴は有効なものとして，審理の対象になるわけです。これが他の役所との大きな相違点です。

他の役所ではすべて最終権限を所管大臣が有していて，大臣以外の当該官庁所属の公務員は，その大臣の権限を指示ないし許可を受けて代わりに行使するに過ぎません。ところが，検察事務に関しては，個々の検察官自らが国家意思を決定して，そ

> 検察官とは

の責任においてそれを表示する権限を有する独立した官庁だと考えられています。けっして決裁官である上司の手足として検察権を行使するのではありません。このことが，検察官は独任制の官庁であるといわれる理由なのです。

　検察官が独任制官庁であるわけですから，当然のことながら独立的性格を持つものであることは明らかです。それは，結局のところ，検察権の行使が他からの力に左右されることなく客観的に公正でなければならないことから要請されるものです。その理由として指摘されるのは，検察官が刑事事件に関しその処理を行う場所が裁判所という司法の分野であり，検察官の職務内容からして準司法的性格を認めることになることから，検察官の職務行為の効力が直ちに確定的に生ずるものでなければならないという点です。

　ところでさきほども少し述べましたが，他面で検察権も内閣を構成する法務大臣の指揮監督権に服するものですので，正しい統一的な国家意思が検察権の行使に反映する体制を考えることも当然必要なことです。そうなりますと，この統一的国家意思の形成とさきほどの検察官独任官庁制とは，一見すると矛盾・相克するようにも見えるので，この両者の調和をいかに図るかが大きな問題になってきます。その調和を図るために，後で述べます法務大臣の指揮監督権の有様や，さらには検察官同一体の原則という考えに立った規定が設けられているのです。しかしながらこれらの制度は，もともとは検察官に職務上の独立が認められていることを前提とした上で，個々の検察官の職権行使の適正を客観的に担保するために存在しているわけですから，検察官が本来その職分上持っているべき独立性を制限する

趣旨のものだと考えることは明らかな間違いであることを，もう一度確認しておきたいと思います。

2. 捜査処理について

（1）捜査の手続きの流れ

　以上の事柄を踏まえて，以下，具体的に検察官による刑事事件の処理について順に見て行きたいと思います。既にお話ししましたように，検察官による刑事事件の処理は，大きく分けて捜査手続きと公判手続きに分かれます。最初に捜査手続きについて見ていきましょう。

　捜査とは，捜査機関（検察官はもちろん，これに警察が含まれることは多言を要しないでしょう）が，犯罪があると思料するときに，公訴の提起及び遂行のために，犯人及び証拠を発見，収集，保全する手続きをいう，とされています。

　捜査手続きとは，公訴提起前においては，犯罪の嫌疑を認めることができる特定の被疑者を対象として，特定のその犯罪の嫌疑が果たして認定できるか否かということ，さらにはそれが認定できるとして，事件処理として公訴提起等の積極処分のさまざまな条件が具備されているかどうか，またそれが認められるとしても本当にその積極処分が必要なのかどうかということについて心証を形成する手続きである，ということができます。

　これらの判断の過程においては，証拠に基づく事実関係の解明を前提として，それに法規を当てはめたり，判例を参照した

> 検察官とは

り，さらには先例としての同種事案に関する処理例を検索したりという作業を繰り返します。その結果犯罪の嫌疑が十分には認められなかったり，あるいは起訴するに必要とされる訴訟条件を具備しなかったりすることもあります。またこれらが満たされたとしても，さらに処罰の必要まで認められないとして，起訴猶予つまり公訴を提起しない処分に終わることもありえます。

検察官は原則としてすべての刑事事件の最終処分，すなわち起訴・不起訴を決定する権限をもっています。いったん市民が起訴され，刑事被告人とよばれる立場になると，マスコミによる報道も行われることもあって，事実上社会的制裁を受けることにもなります。その影響は甚大です。起訴をせずとも十分に更生が可能であり，また被害者がいる犯罪については被害弁償等が完了しているならば，その点をも考慮して，刑事政策上の判断として起訴を控えることがあります。このことは，刑事訴訟法第248条にも，「犯人の性格，年齢及び境遇，犯罪の軽重及び情状並びに犯罪後の情況により訴追を必要としないときは，公訴を提起しないことができる。」と明確に規定されています。

もちろん刑事事件において，被害者のある犯罪につき，その被害に目を向け，侵害された法益が回復されるために適正な処罰をするとともに，民事上でも被害者に対する被害弁償や慰謝を重視していかなければいけないことは当然です。しかし，そのうえでさらに留意しなければいけないことは，被疑者自身においても，身柄を拘束され，あるいは自宅や職場など，その支配する領域を捜索されるなどの，被疑者にとって耐え難い苦痛を味わうことにもなるということなのです。被疑者自身が法律

検察官とは

▲強制捜査に入る東京地検の捜査官（朝日新聞社提供）

に違反する行為をした以上はやむを得ない面もあるとはいえるのですが，たとえば選挙違反事件を考えてみますと，誤解を恐れずに言えば，ある面では支援している特定の候補者を当選させるために，勇み足で違反行為をあえて行ってしまう場合もないとはいえないのです。この被疑者につき違反行為が摘発され，強制捜査が行われた場合，被疑者自身はもとより，とりわけその家族の受ける苦痛，心労は察して余りあるものがあると言わざるをえません。また万一，証拠の判断を過って無実の者を起訴し，無罪判決が出されるに至れば，取り返しのつかない事態になってしまいます。そこで，準司法的性格を有する検察官が行う捜査は（警察が行う捜査においても，以下の視点が必要であることは同様です），被疑者にとって不利な証拠のみではなくて，有利な証拠も積極的に収集しなければならず，あくまでも無実

検察官の仕事について

> 検察官とは

の市民を誤って起訴することのないように細心の注意が払われなければなりません。その努力の表れとしてある統計によれば，すべての公判事件のわずか0.007パーセントという無罪率になっているわけなのです。

　公訴提起後においても捜査が行われる場合があります。それは，公判が進展するにつれて，既に起訴され被告人の地位に立った犯人からあらたな弁解が出されるなどの事態が生じてくることが往々にして出てくるからです。それに対応するために公訴提起後の捜査が行われます。当然それは，その公訴を維持し，遂行するための準備の手続きであるということができます。ただし，公訴提起の後とりわけ第1回の公判期日以後には，裁判所が事件の処理について責任を持って担っていくことになりますので，捜査機関における捜査，とりわけ後で細かく説明します強制捜査などのあり方については，その運用に十分に注意をし，慎重に進めなければならないでしょう。起訴が行われたことで，被告人と原告官である検察官とは，法廷において対立する当事者として，それぞれの立場において意見を主張し合います。その主張の当否を裁判所が公正な判断者として判断していくという構造になっていますので，対峙する当事者の一方である検察官が，反対当事者である被告人に強制力（例えば再逮捕，再勾留，捜索，差押等）を無制限に及ぼし得るとは考えられません。

　以上のことから，実際の捜査というもののあり方についてまとめておきます。何らかの犯罪が起きたということを捜査機関が把握して捜査が始められます。犯人及び証拠を発見して，それを収集し保全することによって，犯罪の嫌疑の有無が，順次，

客観的に裏付けされてゆくことになります。犯罪事実及び犯人が特定され，そのうえで起訴，不起訴などの事件処理ができる程度に心証が得られる段階に達すると，捜査の目的は実現され，捜査自体は一応終了することになります。あとは公判が開始されて，あらたに補充捜査が必要となれば，それに応じた任意捜査が行われます。これが，実際の捜査の流れです。

（2）「捜査」についての関連条文

それでは，検察官による捜査ということに絞って，それがどのように構成されているかを，現行法の関係条文を踏まえて検討してみましょう。

検察庁法第6条を見ますと，その第1項には「検察官は，いかなる犯罪についても捜査をすることができる。」と定められ，その第2項には「検察官と他の法令により捜査の職権を有する者との関係は，刑事訴訟法の定めるところによる。」と規定されています。ここでいう「他の法令により捜査の職権を有する者」という部分に該当するのは，主に警察（法律上の正式名称・官名は「司法警察職員」になります）であることはおわかりでしょう。

検察庁法第6条第1項に関連する部分を見ていきますと，刑事訴訟法第191条において，その第1項には「検察官は，必要と認めるときは，自ら犯罪を捜査することができる。」と規定され，さらにその第2項には「検察事務官は，検察官の指揮を受け，捜査をしなければならない。」という検察庁における捜査のありように関する根拠規定が設けられています。さらに，検察官の捜査が本来管轄する地域をこえて実施される必要が多

検察官とは

　い現状を踏まえて，刑事訴訟法第195条には「検察官及び検察事務官は，捜査のため必要があるときは，管轄区域外で職務を行うことができる。」と規定されています。この規定が存在することによって，検察官は日本中くまなく，必要がある限り広く捜査の手を伸ばすことができるわけです。犯罪が数県にまたがって発生するという「犯罪の広域化」現象に即した規定であるといえましょう。またこれに関連して，検察庁法第31条には「他の検察庁職員との相互補助」という表題のもとに「検察庁の職員は，他の検察庁の職員と各自の取り扱うべき事務について互に必要な補助をする。」と規定しています。これに基づき，検察官は必ずしも管轄区域外に出張をする方法ばかりではなく，互いに「捜査嘱託」という名称で遠隔地にいる関係者の取り調べなどの捜査を依頼することも，盛んに行われています。

　そして最近は日本国内ばかりでなく，外国での犯罪行為や事件も漸増しています。それにいかに対応していくかが，今後さらに問題となっていくでしょう。当然外国の地は日本の法律の及ばない場所ですから，日本の捜査機関が勝手に，また自由に捜査できるものではありません。ですから，諸外国と捜査の共助の協定を結ぶなど，事態に備えてあらかじめ準備をしておかなければなりません。

　次に，検察庁法第6条第2項に関連する部分を見てみます。刑事訴訟法第192条は，「検察官と都道府県公安委員会及び司法警察職員とは，捜査に関し，互に協力しなければならない。」と定めています。組織の沿革や性格上から，通常の事件について警察が第1次の捜査権を有し，検察官はそれを踏まえて，公訴官であることからその任務遂行のうえで必要とされる捜査の

要請を警察にして，補充捜査を行わしめるか，あるいは自らその目的のための捜査を行うか，どちらかの方法でその任務を進めるのが通常です。そこで，検察官が警察に指示を行うための，検察官による司法警察職員に対する一般的指示・指揮の規定が定められています（刑事訴訟法第193条）。また万一，それに従わない司法警察職員が出た場合には，都道府県公安委員会に懲戒罷免の訴追をすることができることにもなっています。検察官による司法警察職員に対する一般的指示・指揮の裏付けといえるでしょう（刑事訴訟法第194条）。

（3）検察官同一体の原則

ここで，検察官の捜査に係る特殊な制度としての「検察官同一体の原則」について検討をしておきましょう。

この原則は検察の機能上，検察官のすべてがいつでも一体のものとして活動し得るような機構が形成されているということを意味します。

検察官がいわゆる独任官庁であること，その関係で検察官同一体の原則はどう評価すべきであるかについては既に検討しました。

現行法の上では，この検察官同一体の原則は規定においてどのように表れているのでしょうか。まず検察庁法第12条は「事務の引取移転」という表題のもとに，「検事総長，検事長又は検事正は，その指揮監督する検察官の事務を，自ら取り扱い，又はその指揮監督する他の検察官に取り扱わせることができる。」と規定しています。担当検察官と決裁官である上司との間で，事件処理について再三協議をしても意見の一致を見なか

検察官とは

ったときに，決裁官の命令で担当検察官が上司の意向に従って事件処理をすることは，検察官が独任官庁であることに抵触することになります。そのため，決裁官は担当検察官に自分の意見に添った処理を命ずることはできずに，ただ自らその事件事務を引き取って処理するか，あるいは他の検察官にその事件事務を移転し（これを，通常「事件の割り替え」とよんでいます），あらたにその検察官に担当させてその判断で事件処理に当たらせることにするか，のどちらかを選ぶことしかできません。この規定によって，一方では検察官の独任官庁制は維持されますし，また検察全体の統一的事件処理の確保も図られるのです。

また，検察事務の遂行も行政権の一つの発露ですから，行政全体と協調したものでなければなりません。いわゆる「検察ファッショ」と評されるような独断先行が許されるわけがありません。そこで所管大臣である法務大臣が，内閣の一員としてその方針に則り，法務行政はもちろん，検察権の行使について一定の指導ができなければなりません。

しかし残念なことに，政党政治が行われている政治体制のもとでは，往々にして時の政府・政権に不都合な刑事事件について，法務大臣により不公正な指導が検察権の行使に発動される事態が十分予想され，また歴史がそのことを十二分に証明しています。そこでやはり，検察官の独任官庁制と，検察権が行政作用の一つであることとの調和を考えていかなければならず，それが検察庁法第14条にある法務大臣の指揮監督の規定に結実しているわけです。そこには「法務大臣は，第４条及び第６条に規定する検察官の事務に関し，検察官を一般に指揮監督することができる。但し，個々の事件の取調又は処分については，

検事総長のみを指揮することができる。」と定められています。すなわち，法務大臣は，個々の事件の取調又は処分については検事総長のみを指揮する権限しかないわけですから，あくまで担当検察官に対しては間接的なものに過ぎません。また法務大臣から不公正な指揮がなされた場合には，検事総長に人を得れば，いわばそれが防波堤となって担当検察官の具体的事件処理に法務大臣の不公正な指揮が及ぶことはないことになります。また，法務大臣の個々の事件に関する指揮が公正かつ妥当なものであれば，適正なものとして検事総長がこれを受け入れ，担当検察官にもこれが伝わり，全体として適切な検察事務の運営が行われることになります。

このようにして，検察事務が行政の一作用であることと検察官独任官庁制との調和が図られているのです。

(4) 身柄事件と在宅事件

これから検察官による捜査につきまして，その実際を見ていきますが，その前提としていわゆる身柄事件と在宅事件の種別について説明していきましょう。

身柄事件というのは，後に詳細を説明しますが，その犯罪事実について「逮捕」や「勾留」というように被疑者の身柄の拘束を行って捜査を進める事件の種別をいいます。これに対して在宅事件というのは，被疑者の身柄を拘束しないで捜査を行う事件をいいます。

当然推測できることと思いますが，より重大な事件について被疑者が逃亡したり，あるいは証拠を隠したり，壊したりするおそれが大きいものについては身柄事件として扱うことになり

ますし，とりあえずは一応その心配がないと思われるものについては在宅事件として処理されることになります。そして実際には，この在宅事件として処理される件数が圧倒的に多いのです。

（5）捜査の具体的内容

それでは次に捜査に関して，その具体的内容をお話ししていきましょう。

従来から，任官直後の通称「新任検事」の時代は，東京，大阪，横浜，千葉，京都，札幌あるいは福岡などといった大都市所在の検察庁で，1年間は実質見習いの立場で仕事を覚えるのを通例としておりました。現在ではその扱いにいろいろとバリエーションが生まれてきつつありますが，いずれにしても，最初の赴任地では不慣れな仕事に追われ，毎日深夜まで勤務することには変わりはありません。まさしく「習うより慣れろ」という精神で仕事を鍛え込まれます。

そして初任を終え，地方の小地検に配置替えを命ぜられて，赴任すると，「新任」の二文字が取れ，それまでは専属で配置されなかった立ち会い事務官というパートナーを得て，一人前の検事として仕事に携わることになります。最近は小説でもテレビにおいても，検事を主人公としたものが多くなりつつありますが，実際はそれとはかなり異なり，一つの事件に掛り切りになることは通常ではあり得ませんし，検事自らが捜査において推理を働かせるなどということもないのです。常に同時並行的にいくつもの事件を抱え，そのなかでも身柄事件という時間に追われる仕事を複数担当し，各事件を混同しないで手際よく

処理することが求められるのが実際といえます。その際には，警察が送致してくる事件がほとんどですから，担当する各所轄警察署の各部の課長（警部）及び係長（警部補）に，必要とされる捜査を適切に指示し，事案解明のための証拠資料の収集・保全に努めることになります。

　個々の事件に一つも同じものがないことは，検察事務に携わればみな一様に感ずるところですが，一応のジャンル分けがなされていて，それに応じて分野別の担当検事が決められているのが一般です。既に話しましたように，大地検では捜査に関してもいくつもの部に分かれて傾向別に事件を担当しています。この部制のない地方の小地検においても係検事という制度があり，財政経済事犯及び税法違反事件等を主に担当する財政経済係検事，風紀事犯を主に担当する風紀係検事，暴力団関係者の事件を主に担当する暴力係検事，覚せい剤等の薬物事犯を主に担当する麻薬係検事，公安・治安事件を主に担当する公安係検事，公害関係事件を主に担当する公害係検事，さらには警察署に捜査本部が置かれる本部事件を担当する本部係検事等々いろいろな係検事の制度を設けて事件の専門的な処理を目指しています。実際にはある係担当の検事がその係に専従して，その係の内容に該当する事件のみを処理しているわけではなく，種々雑多の事件の処理にも追われているのが通常です。

　検察官の大きな使命として，警察の能力では処理し切れない事件，とりわけ政界や財界に関わる重大事件について，これを検察庁の組織のみで処理するという，いわゆる独自捜査を行うということがあげられます。この典型的な形態が東京地検特捜部であり，そこにおいてはこの独自捜査を基本にして仕事が進

められることになります。また大地検である東京地検の特捜部といえども人員に限りがあるので，事件捜査のための大掛かりな陣容を敷くときには，他の地検からの応援検事の派遣を受けて，捜査を展開することもしばしば行われます。

かつての検察のトップであった故伊藤栄樹検事総長がたびたび話されていた「巨悪を眠らせない」という言葉は，このような東京地検特捜部を代表とする独自捜査の活性化を前提に，一般市民の目に触れないところで敢行されている汚職事件や経済事犯の摘発を重ねて，検察の使命を果たしていこうという趣旨なのです。

(6) 捜査の実際

関係する条文を踏まえながら，順に捜査のありようや実際を見ていきましょう。

刑事訴訟法第197条には「捜査に必要な取調べ」という表題のもとに，まず本文において「捜査については，その目的を達するため必要な取調をすることができる。」と規定されています。これは次に見る同条但書の規定との対比からも明らかなように，逮捕や勾留といった強制の要素が入った，いわゆる強制処分とは異なり，強制にはいたらない，いわゆる任意処分といわれる形態での捜査です。例えば事情聴取をする場合でも，在宅の被疑者に連絡を取り，出頭を要請してその任意の判断に基づいて出頭を行わせ，そのうえで取り調べを行うというものです。

それに対して，刑事訴訟法第197条但書には「但し，強制の処分は，この法律に特別の定のある場合でなければ，これをす

ることができない。」と規定されていて，強制を要素とする強制処分による捜査の形態があること，及びその強制処分が法律上の根拠を持って行われるべきであることという一般原則を規定しています。強制処分に基づく捜査（通常，「強制捜査」とよばれます）は，例えば逮捕や勾留といった身柄拘束を代表として，例外的なものとして行われます。

(7) 身柄拘束に関する規定

それでは，身柄拘束に関する規定から見ていくことにしましょう。

最初は「逮捕」に関する規定です。

刑事訴訟法第199条第1項本文には「検察官，検察事務官（…略）は，被疑者が罪を犯したことを疑うに足りる相当な理由があるときは，裁判官のあらかじめ発する逮捕状により，これを逮捕することができる。」と定められています。この規定から分かることは，通常の逮捕手続きにおいては，相当の理由をもって犯罪事実を犯したという疑い（これを「犯罪の嫌疑」といいます）がある時に，前もって裁判官がその嫌疑を確認のうえで逮捕状を発布し，それを用いて被疑者を逮捕できる制度になっているということです。つまり被疑者の身柄拘束の理由があるか否かを裁判所にあらかじめチェックさせようという考えなのです（これを「令状主義」と表現しています）。

これを受けて刑事訴訟法第201条第1項は「逮捕状により被疑者を逮捕するには，逮捕状を被疑者に示さなければならない。」と規定し，裁判官のチェックを受けた逮捕状が発布されていることを，逮捕される者にも分かるような仕組みにしてい

> 検察官とは

ます。この逮捕状には犯罪事実の要旨も記載されていますから,逮捕状を見れば一体どのような犯罪の嫌疑で逮捕されようとしているかも知ることができます。

以上の形態を「通常逮捕」といいますが,みなさんは「現行犯逮捕」という言葉を聞いたことがあると思いますし,なかには「緊急逮捕」という言葉をお聞きになった方もいるかもしれません。それについて多少解説を加えます。

まず現行犯逮捕ですが,刑事訴訟法第212条第1項には「現に罪を行い,又は現に罪を行い終った者を現行犯人とする。」と規定され,続いて第213条には「現行犯人は,何人でも,逮捕状なくしてこれを逮捕することができる。」と規定されています。現行犯逮捕の場合は罪を犯したことが明々白々であることから,警察官ではない一般私人がしかも逮捕状がなくても被疑者を逮捕できると構成されていることが分かります。

次に緊急逮捕ですが,刑事訴訟法第210条は「検察官,検察事務官(…略)は,死刑又は無期若しくは長期3年以上の懲役若しくは禁錮にあたる罪を犯したことを疑うに足りる充分な理由がある場合で,急速を要し,裁判官の逮捕状を求めることができないときは,その理由を告げて被疑者を逮捕することができる。この場合には,直ちに裁判官の逮捕状を求める手続をしなければならない。逮捕状が発せられないときは,直ちに被疑者を釈放しなければならない。」と規定しています。一定の重い犯罪については,それが行われたことを疑う充分な理由があることを前提に,前もっての逮捕状の発布がなくとも被疑者を逮捕できることにしています。そして逮捕後に直ちに裁判官の逮捕状の発布を求め,事後的にせよ,逮捕状のある逮捕手続き

という形式を満たすことによって，前述した令状主義の精神を守ろうとしているのです。万一，事後的な逮捕状の発布を受けられない時には，令状主義の精神に背反することになりますので，それが判明し次第直ちに釈放しなければならないことになります。

このようにして逮捕した被疑者のその後の取り扱いですが，この点に関しては次のように定められております。

刑事訴訟法第204条第1項を見ますと「検察官は，逮捕状により被疑者を逮捕したとき（…略）は，直ちに犯罪事実の要旨及び弁護人を選任することができる旨を告げた上，弁解の機会を与え，留置の必要がないと思料するときは直ちにこれを釈放し，留置の必要があると思料するときは被疑者が身体を拘束された時から48時間以内に裁判官に被疑者の勾留を請求しなければならない。但し，その時間の制限内に公訴を提起したときは，勾留の請求をすることを要しない。」とあります。逮捕に引き続いての身柄拘束を「勾留」とよび，それが必要とされる時は「48時間以内」という時間制限を設け，裁判官に審査させるというシステムが確立されています。

ちなみに逮捕は警察も行いますので，その場合の流れを説明します。刑事訴訟法第203条第1項には「司法警察員は，逮捕状により被疑者を逮捕したとき（…略）は，直ちに犯罪事実の要旨及び弁護人を選任することができる旨を告げた上，弁解の機会を与え，留置の必要がないと思料するときは直ちにこれを釈放し，留置の必要があると思料するときは被疑者が身体を拘束された時から48時間以内に書類及び証拠物とともにこれを検察官に送致する手続をしなければならない。」とあります。そ

検察官とは

して,刑事訴訟法第205条第1項には「検察官は,第203条の規定により送致された被疑者を受け取ったときは,弁解の機会を与え,留置の必要がないと思料するときは直ちにこれを釈放し,留置の必要があると思料するときは被疑者を受け取った時から24時間以内に裁判官に被疑者の勾留を請求しなければならない。」と規定されています。事件を検察官のもとに送り(これを通常「身柄送致」といいます),検察官に警察の逮捕の適否,さらに身柄拘束である「勾留」が必要であるかを判断させ,警察の逮捕による身柄拘束が既に進行している場合なので,「24時間以内」という時間制限をして,勾留の請求をさせ,それを裁判官に審査させるというシステムになっているのです。

勾留に関して,刑事訴訟法第207条第1項,同法第60条(このような準用規定とも言える条文の体裁になっているのは,ここでいう捜査のための勾留とは別に,起訴された後に被告人として裁判を待つ身として身柄拘束が継続する場合もあり,それをも「勾留」という同一名称でよんでいて,この被告人の勾留に関する規定を被疑者にも適用しようとする構成を取っているからです)を見ると,勾留の要件としてはまず「被疑者が罪を犯したことを疑うに足りる相当な理由」があり,それに加えて次の三つの条件のなかのどれか一つに該当しなければならないことになっています。

その三つの条件とは
①被疑者が定まった住居を有しないとき
②被疑者が罪証を隠滅すると疑うに足りる相当な理由があるとき
③被疑者が逃亡し,又は逃亡すると疑うに足りる相当な理由があるとき

のどれかです。

　条件に該当する場合は，裁判官が勾留状を発布して引き続き被疑者の身柄拘束が継続するのですが，捜査のための身柄拘束がいったいどのくらいの期間となっているかを見てみましょう。刑事訴訟法第208条第1項には「前条（「被疑者の勾留」の規定を指す）の規定により被疑者を勾留した事件につき，勾留の請求をした日から10日以内に公訴を提起しないときは，検察官は，直ちに被疑者を釈放しなければならない。」と規定されています。勾留につき，まずは10日間の身柄拘束を認めていることがわかります。そして文言の反対解釈から，この10日間以内に公訴を提起すれば，被疑者（既に起訴されていますから，この段階では正式には「被告人」になっています）を釈放する必要はなく，被告人に対しては公訴提起後の前述した裁判待ちの意味での勾留として身柄拘束が継続し始めることになります。またこの10日間という期間については，次に述べる勾留の延長の規定との相違から，短縮して例えば8日間だけの勾留を裁判所の判断で認めるということはできないと考えられています。つまり，1回目の勾留の期間は削れないということになるのです。

　さらに引き続いて見ますと，刑事訴訟法第208条第2項には「裁判官は，やむを得ない事由があると認めるときは，検察官の請求により，前項の期間を延長することができる。この期間の延長は，通じて10日を超えることができない。」と規定されています。例えば事件関係者多数のために取り調べが終了していない等の理由で捜査が未了であるとかの「やむを得ない事由」がある時には勾留延長が許されること，さらには，「通じて」という表現からして，勾留の延長請求を受けた裁判官は必

検察官とは

逮捕後の手続き

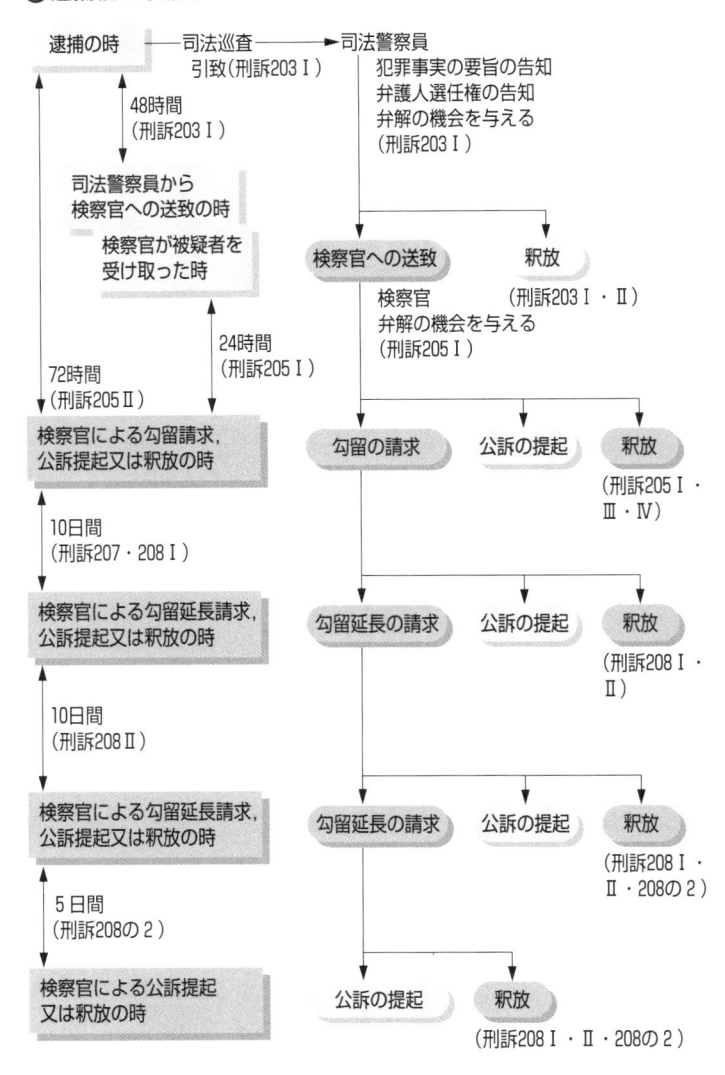

```
逮捕の時 ──司法巡査──→ 司法警察員
         引致(刑訴203Ⅰ)    犯罪事実の要旨の告知
                          弁護人選任権の告知
  ↑ 48時間                 弁解の機会を与える
  │ (刑訴203Ⅰ)             (刑訴203Ⅰ)
  ↓                            │
司法警察員から                   │
検察官への送致の時                │
                               ↓
検察官が被疑者を          検察官への送致    釈放
受け取った時                    │      (刑訴203Ⅰ・Ⅱ)
                         検察官
  ↑ 24時間               弁解の機会を与える
  │ (刑訴205Ⅰ)           (刑訴205Ⅰ)
72時間                         │
(刑訴205Ⅱ)        ┌──────────┼──────────┐
  ↓              ↓          ↓          ↓
検察官による勾留請求,   勾留の請求   公訴の提起    釈放
公訴提起又は釈放の時                        (刑訴205Ⅰ・
                                          Ⅲ・Ⅳ)
  ↑ 10日間
  │ (刑訴207・208Ⅰ)
  ↓              ↓          ↓          ↓
検察官による勾留延長請求, 勾留延長の請求 公訴の提起   釈放
公訴提起又は釈放の時                        (刑訴208Ⅰ・
                                          Ⅱ)
  ↑ 10日間
  │ (刑訴208Ⅱ)
  ↓              ↓          ↓          ↓
検察官による勾留延長請求, 勾留延長の請求 公訴の提起   釈放
公訴提起又は釈放の時                        (刑訴208Ⅰ・
                                          Ⅱ・208の2)
  ↑ 5日間
  │ (刑訴208の2)
  ↓                         ↓          ↓
検察官による公訴提起          公訴の提起    釈放
又は釈放の時                          (刑訴208Ⅰ・Ⅱ・208の2)
```

検察官とは

●逮捕後の手続き

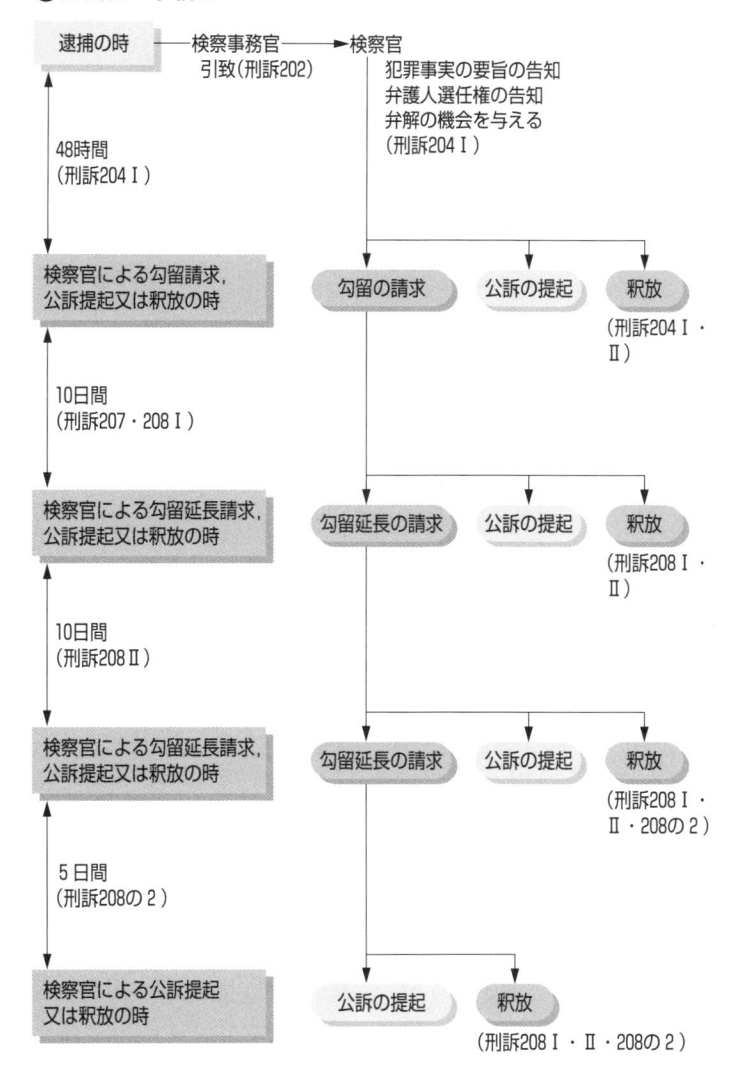

```
逮捕の時 ──検察事務官──→検察官
         引致(刑訴202)    犯罪事実の要旨の告知
                        弁護人選任権の告知
                        弁解の機会を与える
                        (刑訴204Ⅰ)
```

↕ 48時間
(刑訴204Ⅰ)

検察官による勾留請求,
公訴提起又は釈放の時

→ 勾留の請求 / 公訴の提起 / 釈放
(刑訴204Ⅰ・Ⅱ)

↕ 10日間
(刑訴207・208Ⅰ)

検察官による勾留延長請求,
公訴提起又は釈放の時

→ 勾留延長の請求 / 公訴の提起 / 釈放
(刑訴208Ⅰ・Ⅱ)

↕ 10日間
(刑訴208Ⅱ)

検察官による勾留延長請求,
公訴提起又は釈放の時

→ 勾留延長の請求 / 公訴の提起 / 釈放
(刑訴208Ⅰ・Ⅱ・208の2)

↕ 5日間
(刑訴208の2)

検察官による公訴提起
又は釈放の時

→ 公訴の提起 / 釈放
(刑訴208Ⅰ・Ⅱ・208の2)

検察官の仕事について

> 検察官とは

要だと思われる日数を，例えば5日間のみ延長を許すといった形で判断することが可能であることが分かります。ちなみに5日間のみの勾留延長をみとめられた事件について，検察官がさらに捜査のために期間が必要と考える時は，あらためて勾留の延長を求めるという形で進められることになり，その場合に通算して10日間を超えられないという仕組みになっています。

なお以上のことから，通常の身柄事件について考えてみますと，まず警察の逮捕からの警察手持ち時間が48時間，検察官に身柄送致（「事件送致」ともいいます）されてからの検察手持ち時間が24時間，それぞれカウントされます。そのうえで勾留期間が当初の10日間，勾留が延長された場合に通じての10日間といった期間が認められることになりますので，ざっと計算して最長で23日間程度の捜査のための身柄拘束となり得るわけです。ちなみに，期間計算については，「時間」で規定されている場合（「48時間」とか「24時間」）と，「日」で規定されている場合（「10日間」）とがあります。文字通り「時間」で計算する場合は，例えば「48時間」では「日」的には2日間で納まろうが3日間にまたがろうが関係なく「時間」の観点のみでカウントしていきます。それに対して「日」で計算する場合は，初日が1日未満であっても1日と計算してゆくので，例えば当初の勾留の場合を考えると，勾留の請求がなされた日から，それを含めて数え始めて10日目に当たる日が身柄拘束の最終日となるわけです。

それと関連して，例外的な規定として刑事訴訟法第208条の2に「勾留期間の再延長」という表題のもとに，「裁判官は，刑法第2編第2章乃至第4章［内乱罪・外患罪・国交に関する罪］又は第8章［騒擾罪］の罪にあたる事件については，検察

官の請求により、前条第2項の規定により延長された期間を更に延長することができる。この期間の延長は、通じて五日を超えることができない。」という規定があり、特殊な事件に関しては、さらに「通じて」（この解釈は前と同様です）5日間の勾留延長ができることになっています。検察官も人の子で、捜査が難渋を極める時にはさらに捜査のための期間が欲しいというのが本音のところです。この規定にどんな罪種が記載されていたか、念のために確認するという経験を誰もが一度はしている、という話も楽屋話のようになされます。

（8）「取り調べ」

次に検察官の捜査のなかで、いわば核心的な部分ともいえる「取り調べ」に関して見ていくことにしましょう。

まず、被疑者の取り調べからです。かねてから、この被疑者の取り調べに関しては「証を得て人を求む」という格言が人口に膾炙されてきております。

これはいわば一つの捜査の哲学であり、まず犯罪捜査としては客観的な裏付け捜査が先行して行われるべきであり、それが相当程度収集され、あとは被疑者の供述も得たうえで資料を検討する必要があるという段階にまで至って初めて、被疑者の身柄を求めるべきという考え方です。この哲学には、当該事件の客観的経緯を明らかにすることが真相解明への道のりであり、それが相当程度解明されたうえで被疑者の身柄を拘束することになれば、無実の者を誤認逮捕することも避けられるし、また被疑者が真実の犯人であるにもかかわらず、反省もなく犯罪事実を否認し続ければ、客観的証拠のみで十分に立証を展開する

> 検察官とは

こともできるという実際上の考えも働いています。ですから、疑わしいからまず捕まえてみて、自白に追い込もうなどという捜査方法は到底採用できません。しかし実際においては、逮捕勾留という最終の強制処分であるべき身柄拘束に踏み切るだけの客観的資料が整えられたか否かの判断は非常に難しく、また被疑者が逃亡したりあるいは罪証隠滅の具体的なおそれがあったりしてより早期に被疑者の身柄拘束に至ってしまう場合もあり得ます。こういった場合には、被疑者の取り調べと並行して、被疑者が身柄を拘束されている短期間のうちに客観的資料を収集する最大限の努力をしなければならないことになります。

同じ強制捜査でもいわゆる「ガサ」とよばれる、捜索・差押の強制捜査とはまったく観点が違います。ここでいう捜索・差押は証拠物を発見するために敢行されるものです。被疑者の拘束と異なり被疑者側に与える影響は小さく、また客観的な事実経緯を明らかにするためには、まずは捜索・差押により証拠物を確保して検討する必要があり、またそれが前提になるのです。

以上を踏まえて、具体的に被疑者の取り調べについて見ていきましょう。

刑事訴訟法第198条第1項を見ますと、「検察官、検察事務官（略）は、犯罪の捜査をするについて必要があるときは、被疑者の出頭を求め、これを取り調べることができる。但し、被疑者は、逮捕又は勾留されている場合を除いては、出頭を拒み、又は出頭後、何時でも退去することができる。」と規定され、犯罪捜査のために被疑者を取り調べる権限が検察官等にあることが明記されています。もちろん取り調べを受ける者の都合も

▲取調べ中の捜査官〔模擬〕

ありますので，捜査機関側から連絡をして出頭させる日時を決めて，約束通りの日時に出頭させて事情聴取を行います。確かに出頭を拒否したり，出頭後に取り調べを拒否して退去するのは自由ですが，再三の出頭要請にも応ぜず，検察官による事情聴取を拒否し続けることになりますと，処罰を恐れての逃亡の可能性も大きくなりますし，また罪証隠滅の危険も増加すると評価されることになり，逮捕・勾留という身柄拘束に至ることがあります。

またこの但書の反対解釈から，逮捕・勾留中の被疑者は取り調べを受けることを拒否できないものと，一般には考えられています（これを被疑者の「取り調べ受忍義務」あるいは「取り調べ室滞留義務」などと称しています）。しかし，被疑者には黙秘権があり供述を拒否できるわけですから，逮捕・勾留されている

> 検察官とは

被疑者でも，取り調べのために取り調べ室にとどまり質問を受けることには堪え忍ばねばなりませんが，返答することを一切拒むことは自由です。また黙秘することで反省の情がないという評価を受けることは，被疑者の供述無くしても犯罪事実の認定ができるという判断に立ってからの情状の問題ですから，まったく別の次元の問題ということになります。黙秘権は文字通りの黙秘の権利ですから，被疑者に嘘をつく権利を認めたものでないことは当然のことです。

次に，いわゆる参考人の取り調べについて見ていきましょう。

この点については，刑事訴訟法第223条第1項に「第三者の取り調べ」という表題で，「検察官（…略）は，犯罪の捜査をするについて必要があるときは，被疑者以外の者の出頭を求め，これを取り調べ（…略）ることができる。」と規定されています。この参考人の取り調べについては，取り調べが不可欠な被疑者の場合と異なってどの範囲の事件関係者を取り調べる必要があるのかを十分考えなければいけません。そのやり方としては，場合によっては警察の取り調べのみを行い，検察官による取り調べは省略するという方法もありうるでしょうし，また重要な参考人に関しては，警察の捜査を踏まえ，あるいは警察の捜査の有無にかかわらず検察官の取り調べを十二分に行うといったいろいろなケースが考えられます。これらの判断は事案に応じて，それぞれの事案の特殊性を踏まえてしていくことになります。それぞれの参考人を取り調べることによって何を立証するかを的確に把握して，真実発見のためにはいろいろな事項に関し，それぞれに最適の参考人を選んで取り調べを実施するのです。結局参考人の取り調べにおいては，それらの者がかか

わる事項について必要な取り調べを行うことによって、被疑者・被告人が後日犯罪事実を否認した場合でも物証とあいまって犯罪事実を立証するに足りるだけの供述を、被疑者以外の者から得ておくことが必要になります。この観点からして取り調べの対象となる者の範囲、聴取する事項の内容、詳細さの程度等が決定されることになります。

(9) 事実の認定と証拠

過去の犯罪事実は裁判のなかで認定されることになります。そしてその認定は証拠によってなされます。

古代の時代には、神の意思を何らかの方法で探り（例えば、湯の中に手を入れてやけどの有無で判断するとか、亀の甲羅を焼いてその紋様で判断するなど）、それによって裁判の内容を決めていたこともあったわけですが、自然科学の進展に伴う人間の理性への信頼から、証拠に基づく科学的・理性的判断を、裁判における認定に求めることとなりました。

刑事訴訟法第317条は「事実の認定は、証拠による。」と規定しています。今申し上げた近代裁判における合理的認定をも視野においてその内容を定めているものと考えられています。そしてこの合理的認定の考え方は、法を司る裁判官吏において職業的英知を駆使して実現されるであろうとの信頼のもとに、刑事訴訟法第318条には「証拠の証明力は、裁判官の自由な判断に委ねる。」とまで規定し、近代社会における証拠裁判主義の精神を徹底しています。

その認定に供される証拠は、物証にしろ、聴取した供述内容を記録した書面（これを「供述録取書」あるいは「供述調書」と

検察官とは

よんでいます。供述調書という場合が多いでしょう）にしろ，いずれもその存在や成立に疑義のないものでなければなりません。先ほども述べましたが，供述調書につき，せっかく聴取した供述内容を証拠として生かすためには，正しく作成していく必要があるわけです。

(10) 最終処分

捜査が進展し，事実関係が解明されてきますと，刑事事件として最終処分を決することになります。

刑事訴訟法第247条には「公訴は，検察官がこれを行う。」と検察官による独占的な起訴権限行使，すなわち起訴独占主義，いいかえれば国家訴追主義という考え方に基づく，検察官による起訴独占の仕組みの発露ともいえる規定が設けられています。そしてその起訴権限の行使について起訴便宜主義という考え方が，刑事訴訟法第248条に「犯人の性格，年齢及び境遇，犯罪の軽重及び情状並びに犯罪後の情況により訴追を必要としないときは，公訴を提起しないことができる。」として，定められています。

ここでこの規定の趣旨を再度確認しておきますと，公訴を提起してこれを維持するに足りるだけの十分な犯罪の嫌疑がある，つまりそれだけの証拠が揃っている場合であっても，また訴訟条件が具備されている場合であっても，公訴権者である検察官の裁量により起訴しないことを認める制度を意味します。

この起訴便宜主義に対するのが，公訴権者の裁量により起訴しないということを一切認めない考え方です。これを起訴法定主義といいます。

検察官とは

わが国においては、近代法制が導入された当初は基本的には起訴法定主義という考えが支配的でした。しかし、監獄つまり現在の刑務所における管理体制の不十分さという現実的な要請から次第に微罪不処分とも言える運用が行われることになり、その実務的な運用の積み重ねのうえで、その後手続き法規のなかにおいても起訴便宜主義が明確に定められ、それが現行法に引き継がれることになったのです。

この起訴便宜主義が真に適正に運用されることになれば犯罪処遇の重要な一手段と位置付けることができることから、個々の犯罪者に対する刑事政策的な配慮をより綿密にすることが可能になります。しかしながら他方で、もしこれが不当に乱用されれば、社会秩序に混乱を生じさせることにもなりかねません。結局、検察官はこの制度を適正かつ妥当に運用していくべき重大な責任を担っているといえましょう。

さてこれらの制度を踏まえたうえで、起訴という処分を選択した場合について検討してみましょう。

刑事訴訟法第256条第1項は、「公訴の提起は、起訴状を提出してこれをしなければならない。」と規定して、刑事事件に関する公訴提起処分は書面を要する行為（一種の要式行為）であることを定め、同条第2項には「起訴状には、左の事項を記載しなければならない。」として、記載事項を明確に列挙しています。

その具体的内容を見ていくと、
①被告人の氏名その他被告人を特定するに足りる事項
②公訴事実（犯罪事実と同旨）
③罪名

検察官の仕事について

> 検察官とは

ということになります。

さらに留意しておかなければならないことは，同条第6項には「起訴状には，裁判官に事件につき予断を生ぜしめる虞のある書類その他の物を添附し，又はその内容を引用してはならない。」と記載されていることです。これを「起訴状一本主義」といいます。公平な判断者であるべき裁判所は，事件の審理が始まるまでは事件に関しては起訴状に記載されている「ある犯罪があった」という検察官の主張のみを知るだけで，それが立証されるかどうか，それだけの証拠があるか否かについては証拠調べが始まってから吟味すればよいという考え方です。旧刑事訴訟法のもとでは，捜査機関の犯罪ありとの嫌疑をそのまま裁判所が引き継ぎ，被告人及び弁護人による十分なチェックを経ることなく犯罪事実の認定が行われていたという経緯がありました。その反省をもとに「起訴状一本主義」という言葉通り，起訴が行われた時点では，裁判所は起訴状一本だけしか手元に置かないという裁判事務の進め方が確立されています。ここで殺人事件の例を取って起訴状のモデルを掲げておきましょう。

通常次ページに掲げたような体裁で，起訴状が作成されています。

検察官による事件の最終処分は起訴処分だけでなく不起訴処分も多用されています。検察官としては犯罪の軽重等を踏まえ，被疑者本人の更生のために適当と判断されるときには積極的に事件を不起訴としています。検察官としては「犯罪者であるならば何が何でも罪に服させなければならないぞ！」とまでは考えてはいないのです。

ここに不起訴処分の一例を示しておきましょう。窃盗の事案

検察官とは

起　訴　状

左記被告事件につき公訴を提起する。
平成○年□月△日

　　　　　　　　　××地方検察庁
　　　　　　　　　検察官検事　◇◇◇　㊞

××地方裁判所　殿

本　籍　○○○○
住　居　□□□□
職　業　△△△△
　　　　勾留中
　　　　○○○○○○○
　　　　昭和△年○月□日生

公　訴　事　実
被告人は、平成○年□月△日午前××時ころ、東京都◇◇◇◇◇◇◇◇方において、▽▽▽▽（当時△△年）に対し、殺意をもって、所携の果物ナイフ（刃体の長さ約10センチメートル）でその左胸部を数回突き刺し、そのころ、同所において、同人を左胸部刺創に基づく失血死に至らしめて殺害したものである。

罪名及び罰条
殺　人　　刑法第199条

事　実　及　び　理　由

事　実
　被疑者は、平成□年△月○日ころ、東京都◇◇◇◇所在▽▽▽▽方において、同人所有にかかる現金約1万円外衣類等三点（時価合計約2万円相当）を窃取したものである。

理　由
　右事実は認められるが、本件被害金品のうち、品物は被害者に還付され、また金員についても弁償済みで、いずれも被害回復がなされているうえ、被害者はすでに宥恕の意思を表明していることに鑑みれば、被害額が比較的僅少であることや被疑者に前科前歴がなく、深く反省し改悛の情を示していること、現在正業につき、家族も十分監督する旨誓約していることより、今回に限り起訴を猶予するのを相当と認め、よって主文のとおり裁定した。

検察官の仕事について

> 検察官とは

につき起訴を猶予する場合を例にとり,不起訴処分の際に作成される「不起訴裁定書」の中の「事実及び理由」という部分を紹介します。

3. 検察官による公判活動とその準備について

(1) 公判における検察官の役割

　起訴された事件についての検察官の公判における活動について見ていくことにしましょう。

　その前提として,現在の刑事裁判における公判の構造や検察官に求められる役割について触れてみます。現行刑事訴訟法における公判の構造は,いわゆる「当事者主義」という考え方を採用しています。「起訴状一本主義」を前提にすると,公判審理が開始されるにあたっては,裁判所はまったく事件の詳細が分からず,いかなる証拠があるのかも把握できないわけですから,検察官と被告人及び弁護人の各当事者が主体的に立証活動を展開して初めて充実した審理が行われることになります。とりわけ検察官においては,公訴を提起した原告官として犯罪ありきとの主張を積極的に立証していかなければ,裁判所によって無罪判決が出されることになりますから,その職責上からしても当事者としての精一杯の活動が期待されます。公判審理が適正かつ迅速に行われ,事案の真相が明らかにされるためには,検察官の積極的な公判活動が必要です。またそもそも刑罰権の適正かつ妥当な行使は,公判における審理,裁判によって実現

されるのですから,公判立ち会いの検察官の職責は極めて重大であるといえるのです。

(2)「ベスト・エビデンス」

刑事訴訟法第282条第2項には,公判廷には検察官が必ず出席しなければならないと規定されています。公判廷に出廷する立ち会い検察官は,一つの事件について常に同じ検察官であることを必要としませんし,その事件の捜査を担当した検察官であることも必要としません(これは,検察庁法第12条の規定する「検察事務の引取・移転権」に基づくものといえるでしょう)。また,状況によっては複数の検察官が共同して立ち会いする場合もあることは,みなさんも著名な事件の報道等でご存じでしょう。

ここで,検察官の公判活動においてとりわけ重要なことを述べておきます。それは捜査段階において多数収集された証拠を精査して,公判に提出すべき一番ふさわしい証拠(いわゆる「最良証拠」あるいは「ベスト・エビデンス」とよばれるものです)を選び出すということです。この証拠整理の善し悪しで,円滑な公判審理が行えるか否か,あるいは必要かつ十分な立証ができるか否かが決定され,公判における一つの方向性が決まることになります。もちろん,この最良の証拠を選び出すというのは検察官にとって不都合な証拠を隠すという趣旨ではありません(かかる証拠によって,検察官が想定した事実が覆されるか否かの検討作業は,既に公訴提起を決定する段階で十分検討済みでなければならないわけですから)。事実を裁判所に正しく認定してもらうために,一番適した証拠を公判に提出することが妥当である,という考えに基づくものに過ぎません。

（3）公判手続きの過程

通常の公判手続きの概要をその進行の順序に従って要約すれば，おおむね次のとおりになります（なお下記においては刑事訴訟法を「法」，刑事訴訟規則を「規則」と表記します）。

① 冒頭手続き

1．人定質問

   刑事訴訟規則第196条　裁判長は，検察官の起訴状の朗読に先立ち，被告人に対し，その人違いでないことを確かめるに足りる事項を問わなければならない。

2．起訴状朗読

   刑事訴訟法第291条第1項　検察官は，まず，起訴状を朗読しなければならない。

3．被告人に対する黙秘権その他の事項の告知

   刑事訴訟法第291条第2項　裁判長は，起訴状の朗読が終った後，被告人に対し，終始沈黙し，又は個々の質問に対し陳述を拒むことができる旨その他裁判所の規則で定める被告人の権利を保護するため必要な事項を告げた上，被告人及び弁護人に対し，被告事件について陳述する機会を与えなければならない。

   刑事訴訟規則第197条　裁判長は，起訴状の朗読が終った後，被告人に対し，終始沈黙し又個々の質問に対し陳述を拒むことができる旨の外，陳述をすることもできる旨及び陳述をすれば自己に不利益な証拠ともなり又利益な証拠ともなるべき旨を告げなければならない。

2　裁判長は，必要と認めるときは，被告人に対し，前項に規定する事項の外，被告人が充分に理解していないと思料される被告人保護のための権利を説明しなければならない。
4．被告人及び弁護人の意見の陳述
刑事訴訟法第291条第2項（前出）

② 証拠調べ手続き

1．冒頭陳述
刑事訴訟法第296条　証拠調のはじめに，検察官は，証拠により証明すべき事実を明らかにしなければならない。(許可を受けた場合は，被告人及び弁護人の冒頭陳述)
刑事訴訟規則第198条　裁判所は，検察官が証拠調のはじめに証拠により証明すべき事実を明らかにした後，被告人又は弁護人にも，証拠により証明すべき事実を明らかにすることを許すことができる。
　2　前項の場合には，被告人又は弁護人は，証拠とすることができず，又は証拠としてその取調を請求する意思のない資料に基いて，裁判所に事件について偏見又は予断を生ぜしめる虞のある事項を述べることはできない。
2．証拠調べの範囲，順序及び方法の決定
刑事訴訟法第297条第1項　裁判所は検察官及び被告人又は弁護人の意見を聴き，証拠調の範囲，順序及び方法を定めることができる。
刑事訴訟規則第199条　証拠調については，まず，検察官が取調を請求した証拠で事件の審判に必要と認めるすべて

のものを取り調べ，これが終わった後，被告人又は弁護人が取調を請求した証拠で事件の審判に必要と認めるものを取り調べるものとする。但し，相当と認めるときは，随時必要とする証拠を取り調べることができる。

　　2　前項の証拠調が終った後においても，必要があるときは，更に証拠を取り調べることを妨げない。

刑事訴訟法第292条　証拠調は，第291条（冒頭手続きについての規定）の手続が終った後，これを行う。

3．証拠調べの請求
　・検察官の請求
　・被告人及び弁護人の請求
4．証拠決定
5．証拠調べの実施
6．被告人質問

③ 証拠調べ終了後の手続き

1．検察官の論告
刑事訴訟法第293条第1項　証拠調が終った後，検察官は，事実及び法律の適用について意見を陳述しなければならない。

2．被告人及び弁護人の意見の陳述
刑事訴訟法第293条第2項　被告人及び弁護人は，意見を陳述することができる。

④ 判決言い渡し

刑事訴訟法第342条　判決は，公判廷において，宣告によ

りこれを告知する。

　刑事訴訟規則第35条　裁判の宣告は，裁判長がこれを行う。
　　2　判決の宣告をするには，主文及び理由を朗読し，又は主文の朗読と同時に理由の要旨を告げなければならない。

　以上が，公判審理の手続の概要ということになります。
　さらにこの後，そのなかでとりわけ重要な事項についてその詳細を検討していくことになりますが，その前提としての公判の構成員についてここで触れておきましょう。
　刑事訴訟法第282条では第1項において「公判期日における取調は，公判廷でこれを行う。」と規定され，同条第2項には「公判廷は，裁判官及び裁判所書記が列席し，且つ検察官が出席してこれを開く。」旨定められ，さらに同法第286条では「…被告人が公判期日に出頭しないときは，開廷することはできない。」とされています。また同法第288条の第1項には，「被告人は，裁判長の許可がなければ，退廷することができない。」とまで規定され，国家権力の一作用である裁判の強大な権限をうかがわせるものがあります。

4. 公判立ち会い検察官の職責

（1）公判にあたっての準備

　それでは，公判活動において検察官の果たすべき役割を，その中心的な部分から見ていきましょう。

> 検察官とは

　まずは公判立ち会い前の準備に関することです。刑事訴訟の目的の一つである審理の適正，迅速な進行を図るために（このことは刑事訴訟法第1条に明記されています），「集中審理」を実現することはかねてより強調されています。このため公判立ち会い検察官としては，第1回公判期日から充実した実質審理に入ることができるように，事前準備を充分に行って公判に臨むようにしなければならないでしょう。この点に関しては，刑事訴訟規則の第178条の2から第178条の11にかけて詳細に規定してありますので，ぜひ参考に読んでみてください。ちなみに第178条の2には，「訴訟関係人は，第1回の公判期日前に，できる限り証拠の収集及び整理をし，審理が迅速に行われるように準備しなければならない。」と規定されています。

　この第1回期日に臨むにあたっての準備としては，起訴状の点検，記録の検討及び証拠物の整理といった事項があげられます。公判立ち会い検察官は起訴状を再度読み直し，記録も精査し，さらに証拠物を点検し，これらの証拠と起訴状の記載とを照合し，氏名，日時，場所，金額さらに数量等につき誤記，脱字がないかどうかを確かめます。また弁護人の要求に基づき，起訴状の記載について釈明を要するような点がないかどうかを検討するなど，充分な準備をしなければなりません。なかでもとりわけ大切なことが，証拠調べ請求の準備です。証拠調べを請求するような証拠か否かの選別を合理的な立証計画の下に行い，各証拠資料の持つ証拠価値の重要度などを相互に比較しながら検討し，事案の真相を法廷で明らかにするための有効かつ適切な立証の順序や方法を考えることが重要になってきます。

（2）公判における重要事項

公判の推移を踏まえて，重要な事項について検討してみましょう。

① 冒頭手続きにおける人定質問

冒頭手続きにおける人定質問です。

刑事訴訟規則第196条によると，裁判長は起訴状朗読の前に，まず被告人に対して，起訴された人間であるかどうか，つまり人違いでないことを確かめるに足りる事項を問わなければならないことになっています。人定質問には，原則として黙秘権が認められないと考えられています。もし被告人が人定質問に対し黙秘したり，または供述を拒否した場合はどう扱うことになるでしょうか。結果的に，人定質問は起訴された被告人自身が公判廷に出廷しているかを確認できればよいわけですので，被告人か否かを識別できる検察官（捜査と公判が分離されて担当検察官が異なる場合は実際上困難な場合が多くなります）又は弁護人の指示によって確認することが一つの方法であり，またその他捜査段階の被疑者・被告人の容貌を撮影した写真等の資料の提供等によって被告人を特定できれば，人定質問手続きはその目的を達成して終了したことになります。

次いで，冒頭手続きにおける重要な事項として，起訴状の朗読があります。人定質問後の具体的な審理の始まりは，まず検察官の起訴状の朗読から開始されます。この起訴状の朗読は，事件における審理の対象を明確にして，訴追者としての検察官の「被告人によるある犯罪ありき」という基本的主張を明白に

するものですから、はっきりと朗読する必要があります。ところで、もし検察官が起訴状の朗読に際して読み間違いをしたら、その後の事務処理はどのように進められるのでしょうか。この点については、朗読される起訴状が書面という形で公訴提起の折りに提出されることになっていますから、その刑事訴訟のテーマそれ自体は起訴状の記載によって明確に訴訟関係者に提示されていることになり、後で述べる論告の読み間違いとは異なり（論告は書面行為ではなく、たとえ現実に書面を準備し、その読み上げを間違えた場合でも、論告の中身としてその内容を決定するのは口頭で公判廷において話された内容通りということになります）、起訴状の読み違いは単に訂正のみで足りると考えられます。

② 証拠調べ手続き

それでは、証拠調べ手続きに移っていきましょう。

証拠調べ手続きが始まって、最初に行われるのは、検察官による冒頭陳述です。刑事訴訟法第296条本文によると、証拠調べの始めに検察官は証拠に基づいて証明しようとする事実を明らかにしなければなりません。そして、そのための陳述を冒頭陳述といっています。冒頭陳述とは、審理の対象となっている事案の全容を、検察官が証拠によって認定した事実を述べるという形式で明らかにして審判の対象を明確に提示し、また公判においてその認定事実を証明する立証方針の大綱を示すことによって、裁判所が証拠調べに関する訴訟指揮を適切に行使できる状況にするとともに、被告人及び弁護人に対して審理の対象の範囲を知ることも踏まえて、その防御の範囲を知らせる手続

きをいいます。

冒頭陳述について項目のみですが,一例を載せておきましょう。

③ 具体的な立証活動

では具体的な立証活動の展開はどうなっているのでしょうか。

訴訟における立証というのは,ある事実を裁判所に認定してもらおうと考える訴訟当事者が,その事実の主張とともにそれを基礎付ける証拠を提出する努力を積み重ねることです。これを刑事事件にあてはめると,訴訟当事者のうちで検察官が訴訟のテーマである「ある犯罪ありき」との主張を提示することからも分かるように,検察官が全面的に立証責任を負うことになります。検察官は公訴遂行の責任を負う者として冒頭陳述で述べた事項,すなわち,

(ⅰ) 犯罪事実の客観的部分（罪体）に関する事実
(ⅱ) 罪体と被告人との結び付きに関する事実
(ⅲ) 情状に関する事実
　　事案によっては
(ⅳ) 訴訟条件に関する事実
(ⅴ) 法律上の刑の加重減免の理由となる事実など

これらすべての事実を立証しなければならないことになります。

④ 論告

論告は求刑等の重要部分につき,読み間違いが正式な論告の

検察官とは

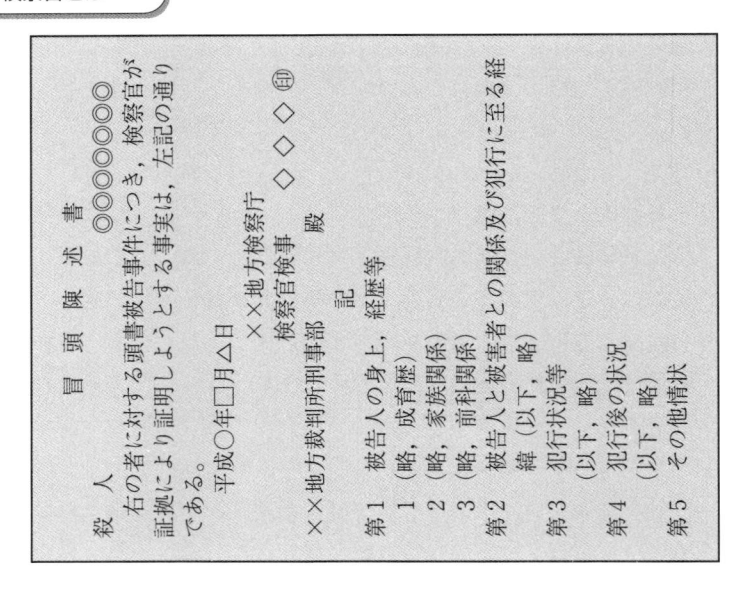

```
冒 頭 陳 述 書

殺　人
　右の者に対する頭書被告事件につき、検察官が
○○○○○○○○
証拠により証明しようとする事実は、左記の通り
である。
　平成○年□月△日
　　　　　××地方検察庁
　　　　　検察官検事　◇◇◇㊞
××地方裁判所刑事部　殿
　　　　　記
第１　被告人の身上、経歴等
　１　(略、成育歴)
　２　(略、家族関係)
　３　(略、前科関係)
第２　被告人と被害者との関係及び犯行に至る経
　　　緯（以下、略）
第３　犯行状況等
　　　（以下、略）
第４　犯行後の状況
　　　（以下、略）
第５　その他情状
```

内容となってしまいますので，まかり間違っても読み間違いには注意しなければなりません。論告は刑事事件の審理の経過を踏まえて，検察官としての最終の意見を述べる大切なものであり，作成にあたってはそれまでの審理の経緯を十二分に把握して起案すべきことになるでしょう。

参考のために次ページに，一例をあげておきます。

なお論告の作成に際しては，当該事件の被告人が公訴犯罪事実についていかなる弁解をしているのか，全面的否認であるのかあるいは一部否認であるのか，争いがあるとしても事実関係ではなくて法的な評価の問題であるのかを，十分かつ正確に評価して起案にあたる必要があります。

⑤ 刑期の言い間違え

　立証が終わり，従前からの審理の経過を踏まえて裁判所が判決を下すことになります。事実の有無についての認定はもとより，有罪判決を前提とした場合の量刑についての判断も行われます。

　もしここで裁判所が本来宣告すべき刑期を言い間違えた場合はいかなることになるでしょうか。判決の宣告は，有罪判決の場合は主文の刑期の宣告に加え，犯罪事実の認定の結果，争いのある事実主張についての判断，法令の適用，そして量刑の理由等多岐にわたります。これらは判決内容の説示という一体のものなので，設例のような刑期の宣告の間違いがなされた場合については，全体としての判決の宣告が終了しない間にそれに気付いてその訂正さえ行われれば，予定された正しい判決がなされたと考えられます。

　ある事件で裁判官が宣告刑の刑期を言い渡したところ，それ以前の検察官による求刑の内容等の諸事情から判断して，弁護人が判決における宣告刑に不審を抱きました。そして裁判官に対して疑義を質すと，裁判官も言い間違いに気付き，直ちにそれを訂正したという事案がありました。この場合は判決全体の言い渡し終了前に訂正していますので，全体として裁判官が予定したとおりの宣告がなされたものといえます。

　それに比して判決宣告後に誤りに気付いた場合は，実際に言い渡された刑期が有効に宣告された刑期ということになります。ですから，立ち会い検察官が判決宣告に立ち会う場合には，漫然と宣告を聞くのではなく，宣告された刑期に法律上問題はないのか，量刑上からも失当なものはないのか，について十二分

に注意しなければなりません。

5. 刑の執行について

(1) 刑の執行

　起訴された刑事事件について有罪判決が下され，しかもそれが実刑判決の場合，その宣告刑に基づいて刑の執行を行う必要があります。現実に刑が執行されることによって，初めて判決の意義が社会に反映されることになります。わが国において，刑事事件に関する役割の多くを検察官が担っていることからも推察できますが，この刑の執行に関しても，主として検察官が担当しているわけです。以下に，重要な部分を検討してみます。

　まず執行の前提として，執行猶予が付されていない有罪判決がなされ，もはや上訴という方法で判決の内容が争われたり，覆されたりすることがないことが必要です。このことを刑事訴訟法第471条は「裁判は，この法律に特別の定のある場合を除いては，確定した後これを執行する。」と定めています。

　そして具体的な刑の執行の指揮については，刑事訴訟法第472条第1項本文で「裁判の執行は，その裁判をした裁判所に対応する検察庁の検察官がこれを指揮する。」と定め，刑の執行における検察官の大きな役割を明らかにしております。

(2) 死刑の執行

　しかしながら，死刑については特別です。というのも，刑事

論 告 要 旨

殺 人
右被告人に対する頭書被告事件についての検察官の意見は、左記の通りである。
平成○年□月△日
　　　××地方検察庁
　　　　検察官検事　◇◇◇　印
××地方裁判所刑事部　殿

記

第1　事実関係

本件公訴事実は、当公判廷において取り調べられた関係各証拠により証明十分である。ところで、被告人は、捜査段階において殺意を含めて本件犯行を全面的に認め、その状況を詳細に供述していたにもかかわらず、当公判廷において、一応外形的事実は認めるものの、故意を否定し、以下に述べる理由により、被告人の右供述は罪責の軽減を図る意図に出た虚偽のものであり、これを前提とする右弁護人の主張もまた何ら理由のないものであることは明らかである。

1　殺意について
（以下、略）

2　過剰防衛の主張について
（以下、略）

3　心神耗弱の主張について
（以下、略）

第2　情状

1　本件犯行の動機には、同情の余地はない。

2　犯行の態様は極めて悪質であり、計画的かつ残虐な行為と言わざるを得ない。
また、被害者には、貴重な生命を奪われなければならないまでの落ち度はない。

3　しかるに、被告人の改悛情は極めて強く、被害弁償に努めず、慰謝の方途を一切講じていない。
さらに、遺族の被害感情は極めて大きいと言わざるを得ない。

4　被告人は遺族に対し、慰謝の方途を一切講じていない。
（以下、略）

5　被告人の再犯のおそれは極めて大きいと言わざるを得ない。
（以下、略）

第3　求刑

以上、諸般の事情を考慮し、相当法条を適用の上、被告人を懲役15年に処し押収してある果物ナイフ1丁を没収するを相当と思料する。

> 検察官とは

訴訟法第475条第1項において「死刑の執行は，法務大臣の命令による。」と規定されているからです。これは，死刑という重大な刑罰の執行については，法務行政全体の責任者である法務大臣にその判断をさせるという主旨なのです。

さらに死刑に関しては，その是非論がいつの時代も賛否両論に別れて主張されているという背景もあって，死刑の執行に関する規定は手続きにおいて判然としないところがないようにと，比較的詳細に規定されております。刑事訴訟法第475条第2項本文には「前項の命令（法務大臣の死刑執行の命令）は，判決確定の日から6箇月以内にこれをしなければならない。」と規定され，さらに同法第476条は「法務大臣が死刑の執行を命じたときは，5日以内にその執行をしなければならない。」と定められ，徒に死刑の執行が遅延しないようにしています。ただし，実際には世論の動向や全体としての緩刑化傾向といわれる風潮があることから，例えば法務大臣の死刑執行の命令が遅れる等の事情が多く生じて，規定にある日程で死刑の執行は行われていないのが実状といえましょう。

さらに刑事訴訟法第477条第1項には「死刑は，検察官，検察事務官及び監獄の長又はその代理者の立会の上，これを執行しなければならない。」と規定されています。このことからも検察官と刑の執行との深いかかわり合いを知ることができるわけです。なお同条第2項には「検察官又は監獄の長の許可を受けた者でなければ，刑場に入ることはできない。」と規定されています。

検察官の具体的な活動
── 一つの事件を通して

　これまで検討してきたことに対する理解を踏まえて，ある一つの事件を通して刑事事件の手続きの流れを見ていきたいと思います。またこれから述べることのなかには，まだ触れていない事項（例えば保釈等）もありますが，それぞれの箇所で必要な限りで新たに説明を加えることにしましょう。

1. 事実の概要 ── 強姦致傷事件

　取り上げる事案は，毎年多数の事件数を見る強姦致傷事件です。
　具体的には，深夜顔見知りの少女の部屋に雨樋を伝って忍び込み，就寝中の少女を押えつけるなどして強いて姦淫しようと

検察官とは

した事案です。少女は気がついて抵抗し、物音に驚いて駆けつけた家人に被疑者が取り押さえられ、大事にまでは至らなかったというものでした。しかしながら、被疑者が抵抗する被害者を押えつけ、さらには威圧するために殴打するといった暴行を加えたために、被害者は全治2週間の傷害を負うに至りました。

この事件について、手続きに沿って順に見ていきましょう。

2．捜査の経緯について

被疑者はさきほど述べましたとおりに、被害者の家人に取り押さえられ通報を受けて駆け付けた警察官に引き渡されました。もうお分かりのことと思いますが、このケースはいわゆる現行犯逮捕のケースにあたり、被害者の家族である私人によって逮捕された被疑者の身柄を、警察が受け取ったわけです。この場合に逮捕状がいらないことは前に述べました。

さて被疑者を受け取った警察官は、直ちに被疑者に対して黙秘権や弁護人選任権等の被疑者に認められている権利を説明するとともに、疑われている強姦致傷という犯罪事実についての被疑者の弁解を聞くことになりました。

被疑者の弁解はこの捜査当初から、被害者の同意を得ていた、すなわち合意があったとの主張でした。

概要をいうと、被害者とは互いに町の不良仲間の一員として前からの顔見知りの関係にあり、グループで交際を重ねているうちに相互に好意を持つようになり、事件当日も犯行時刻の少し前までいつものグループで会合していた経緯もあって、その

折に被害者から深夜自室に遊びに来るように言われた。そして被害者の部屋の中に，その協力のもとに招き入れてもらい，合意の上で性的関係を持とうとしたものの，ささいなことから口論となって被害者が興奮して暴れたことから被疑者も激昂して暴行に及んでしまったというものでした。また被害者は物音を聞いてやってきたその家族の手前，被疑者に強姦されそうになったのだと嘘を言っているに過ぎず，このことは被害者に良く聞いてもらえばはっきりするはずだとも述べました。

さてこの被疑者の弁解を前提にすれば，強姦致傷という犯罪は成立しません。

被害者のある犯罪については，被疑者の弁解がどうであろうとも，すべて被害状況について被害者から状況を聴取するのですが，この事件の場合はなおのこと被疑者の取り調べを詳細に行う一方で，被害者からの事情聴取を綿密に進めていかなければならない事案ということになります。

反対に被害者による状況の説明は概ね次のとおりでした。すなわち，被害者も被疑者のことについては，友人グループを通しての交際によって顔見知りの程度の知り合いであったことは認めたものの，お互いに好意を持ったことはまったくないし，また事件直前にグループの仲間も交えて会合していたことはあるが，被害者が被疑者を深夜という時間帯に招いたことは絶対にないという話でした。

結局両者の話はいわば「水掛け論」ともいうべきものであり，それらの矛盾する話のみで捜査当初の段階でいずれが真実であるかは，にわかに決し難いことといわなければならないでしょう。

検察官とは

　しかしながら、犯罪の証明としては不十分だとしても、被害者が明確に性的交渉を拒絶して騒ぎになっていること、それについての被害者の親の目撃状況、通報の経緯、さらに被害者の受傷の事実等を踏まえれば、被疑者が犯罪事実を犯したのではないか、という一応の疎明はあると考えられるわけです。被疑者の話は一応の筋道があるものの、実はよくある言い訳話という疑いも強く、この疎明を覆すだけの証明力はないものと考えられます。

　そこで警察も被疑者の身柄をさらに拘束したまま捜査を進める必要があると考え、またその要件も備わっているだろうとの判断のもとに、検察官に勾留請求に付して欲しい旨の参考意見を添えて、48時間という制限時間内に被疑者を検察庁に送致しました（実務上よく行われていることですが）。そして送致を受けた検察庁は、直ちに事件担当の検察官を決め、その検察官が24時間以内という時間制限のもとに記録を検討し（被害者の調べは後日すみやかに実施するという方針を取らざるを得ませんでしたが）、とりあえずは被疑者から弁解を聴取し、警察段階と同じ被疑者の主張につきさきほど述べたと同様の判断のもとに、被疑者の勾留を裁判所に求めました。犯罪事実を否認しているという点で、罪証隠滅のおそれ、さらに逃亡のおそれが十分に考えられたからです。勾留請求を受けた裁判所も記録を検討し、被疑者に対して勾留質問を行い、その結果検察官と同じ判断のもとに、被疑者を10日間の勾留に付したのです。

　なお参考までに、強姦罪は親告罪であり、被害者の告訴がないと最終的には起訴できないことになります。しかし、強姦致傷罪になると強姦に加えて致傷の点まで法益が侵害されるため

（被害者の身体の安全まで侵害されるということになるために），もはや親告罪という扱いはなされないので，被害者から告訴を取りつける作業は不可欠ではありません。ただし，被害者の意思を確認するために，実務上は本件のような場合でも，被害者から告訴を取りつけてはいます。

　さて被疑者に対する勾留が認められて，捜査のための若干の時間の余裕は出来てきましたが，まごまごするとあっという間に日時は経過してしまいます。

　まずは被疑者の取り調べを警察の調べ官に担当させる一方で，被害者からの徹底的な事情聴取をしていかなければなりません。とりあえず，被害者に医師の診断を受けさせ，受けた傷害の内容を確定させることからスタートさせ，そのうえで被害者からの事情聴取を重ねていきました。まずは警察の担当官に事情聴取を行わせ，その成果を踏まえて，検察官自らも被害者の取り調べを行いました。

　その結果，その他の情報からも，いわゆる不良少女といわれるような素行があったことが明らかになり，被害者の被疑者との交際状況についても単なる顔見知りというだけではなく，他の友人よりも親しい気持ちを持っていたのではないか，とも思われる要素も浮かんできました。

　しかしながら被害者は一貫して，決して自ら被疑者を部屋に招いたことはないと述べています。たわいのない話のなかで住まいはどこか等を被疑者らと交わしたことはあると思うが，被疑者を家に招くまでの親しいつきあいは全くないこと，確かにグループのなかの他の友人よりも少々多く会話をしてきたという程度のつき合いはあるが，それだけの関係であることなど，

検察官とは

● 刑事事件の手続きの流れ

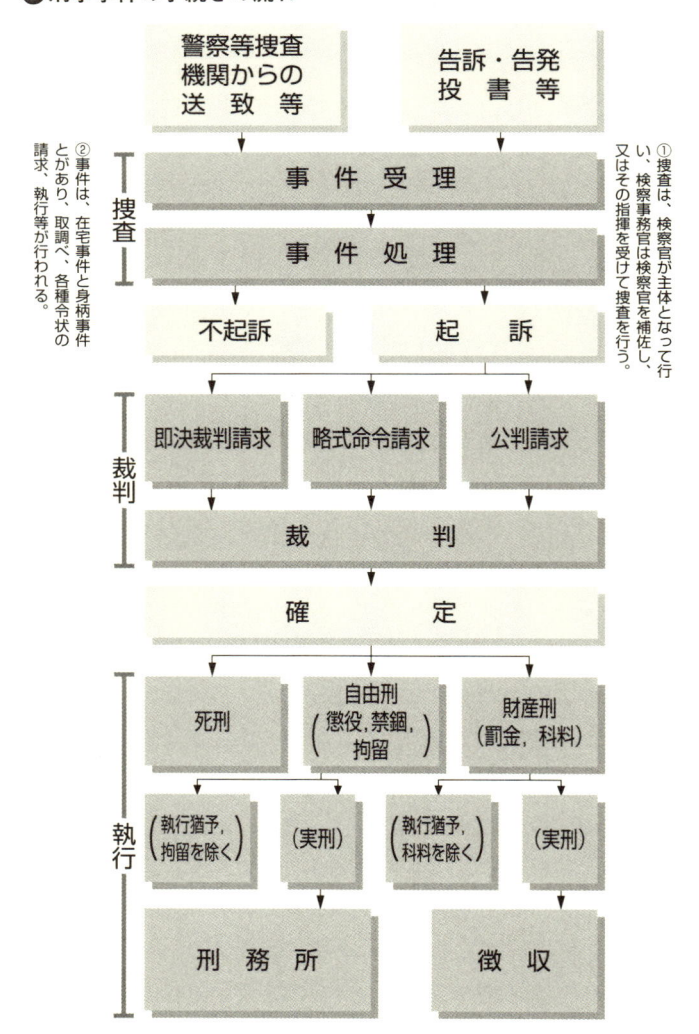

```
        警察等捜査              告訴・告発
        機関からの              投 書 等
        送 致 等
            ↓                    ↓
          事 件 受 理
              ↓
          事 件 処 理
          ↙        ↘
     不起訴          起 訴
                ↙    ↓    ↘
        即決裁判請求  略式命令請求  公判請求
            ↓         ↓          ↓
                  裁     判
                      ↓
                  確     定
              ↙       ↓       ↘
                    自由刑
          死刑    (懲役,禁錮,)   財産刑
                     拘留       (罰金,科料)
            ↓    ↙      ↘    ↙      ↘
              (執行猶予,)         (執行猶予,)
              拘留を除く  (実刑)  科料を除く   (実刑)
                          ↓                  ↓
                      刑 務 所            徴 収
```

捜査
① 捜査は、検察官が主体となって行い、検察事務官は検察官を補佐し、又はその指揮を受けて捜査を行う。

② 事件は、在宅事件と身柄事件とがあり、取調べ、各種令状の請求、執行等が行われる。

裁判

執行

検察官の具体的な活動

筋道の通ることを供述し続けるのです。

　担当検察官は，取り調べの結果を供述調書にまとめました。この被害者の供述を調書にするのは，取り調べの結果を記録として残すということに加え，強姦事件などの場合にままあることなのですが，万一被害者が公判廷で証言をするに際して号泣のあまり十分な証言ができない時などに備えるためです。

　一方被疑者はあいかわらず合意の主張を繰り返しています。ただ被疑者と被害者の交際の内容について，その親疎や深さについての被疑者の説明が若干供述のたびに微妙にニュアンスが変化してきましたので，だんだんと被疑者に対する嫌疑が深まってきていました。

　しかし依然として，決め手に欠けていましたので，検察官は継続捜査の必要性を書面にまとめて裁判所に提出し，さらに10日間の勾留を求める延長請求を出したところ，請求通り裁判所はこれを認めました。

　さて決め手に欠ける状況が継続するなかで，検察官は捜査担当の警察官を検察庁によんで，今後の捜査方針を協議しました。

　その結果，被疑者と被害者の交際が互いのグループを通して始まっていることからして，2人の周囲の者たちがさらに参考となる情報を持っているのではないかという意見が出され，突破口を見つけるべく，その方面での捜査に力を注いでみることになったのです。

　そうしたところ，被疑者においてはその周囲の友人に被害者に対する劣情に基づく関心が強い旨の発言を再三していたことが浮かび上がりました。その一方で被害者は，被害を受けた後数日して周囲の友人に涙ながらに被害の状況を話していたこと

> 検察官とは

も判明しました。それらについても重要な部分は検事自らが心証を得るため、また価値の高い証拠として残すために取り調べを行い、調書の作成をしました。

こうして、ようやく被疑者が真実犯人であるとの心証が担当検察官にも持てるところとなったのです。

そして、それらの結果を踏まえて最終の取り調べを検察官が被疑者に対して行ったところ、被疑者はようやく犯行を認める供述をするに至りました。その段階ではいわゆる自白事件として、起訴、すなわち公判請求がなされることになったのです。

3．公判に至るまでの状況について

こうして一応の処理を見たわけですが、本件においては被疑者がさらに一環して否認し続けた場合、公判請求をなしえたかという観点での検討が重要です。

というのも、起訴後に被疑者（既に「被告人」ということになります）が保釈請求を出したところ、検察官の反対意見を踏まえた裁判所がその請求を却下するに至り、そして上級審に対する不服申し立ても通らないという結果が判明した途端、被告人はまたもや犯罪事実を否認するに至ったからです。そして、いったん事実を認めたのは、起訴後に保釈を認めるという約束と引き替えにしたと被告人は主張したのです。

証拠に対する意見としては、被害者をはじめとする自己に不利益な供述調書はのきなみ不同意ということになります。

もちろん、保釈を認めることと交換に自白を勧めるような捜

▲取調べ中の検察官（右側）と事務官〔模擬〕

査方針が取られることもあり得ず，結局保釈が認められなかった被告人が，たまたま道路交通法違反の前科によって執行猶予中の身であることから処罰の大きさを恐れるに至り，また否認を始めたものと考えられました。

被告人側からは，弁護人より公訴事実を争う旨及び中心的な証拠を不同意にする旨，まとめて公判前に連絡が入ってきました。

検察官はそれを踏まえて，公判の準備をしなければなりません。問題は証拠の整理に関してであり，特に弁護人が被害者の供述調書の中心的な部分については不同意である旨を連絡してきておりましたので，それを踏まえて公判に出せる証拠と一部不同意でも出すに足る証拠を選別し，不同意によって公判に出せなかった証拠について被害者等を証人として，その証言によ

って立証していく準備をミスがないようにすすめることになりました。

4. 公判の推移について

いよいよ本件の審理が開始されました。

本件は罪種から合議体の審理で行われることになりました。この合議体というのは、単独部が1人の裁判官によって構成される裁判所であるのに対し、3人の裁判官によって構成される裁判所のことをいいます。単独部が比較的犯情の軽い犯罪を扱うのに対し、合議体は一定以上の重さの犯罪あるいは合議体で慎重に裁判することがふさわしいと思われる事件の場合に構成されます。

通常の型どおりの手続きが進行していきました。まず冒頭手続きにおける人定質問が行われ、黙秘権等の告知が裁判所からなされ、公訴事実に対する被告人の罪状認否が行われ、先になされた連絡のとおりに被告人は事実を否認しました。

それを踏まえて検察官は、書面で用意したものに基づいて冒頭陳述を読み上げる方法で行い、引き続いて証拠の請求を行いました。そうしたところ、弁護人は犯罪場所の報告書等の客観的事項に関する書証にのみ同意し、前述のとおり被害者の供述調書等主要なものはすべて不同意としたのです。

こうして、第2回目からは、順次証人の取り調べが行われていきました。

最初は当然、被害者の証人尋問が行われました。その尋問の

様子は，やはり検察官による供述調書を作る必要があるだろうと心配しただけ，被害者は被疑者の目の前で大いに動揺して涙ながらに証言したわけですが，何とか必要な証言をなし遂げることが出来て，作成しておいた供述調書は使用せずに済みました。しかしこれは結果論で，逆にこれだけの十分な準備をしていたからこそ，余裕を持って証人尋問が実施でき，調書が不要となったとも考えられるわけです。

裁判所においては，証人尋問が重ねられていくうちに，特に被害者が周囲の友人に対し，事件後に被害を涙ながらに打ち明けたという経緯から形成されつつあった心証が確立された様子が見られました。そして，何回かの公判が重ねられた最後に，いわゆる被告人質問が実施されました。

この段階になりますと，被告人も自己に不利益に公判が進展している様子がうすうすわかりますから，あせっていろいろと話を重ねて，かえって相互に矛盾し，自ら墓穴を掘るというありさまです。

こうした公判の経緯を踏まえ，検察官による論告と，弁護人による弁論，そして被告人の最終陳述が執り行われました。

優勢な証拠に基づく検察官の論告が説得力を持ち，また格調高く行われたことはいうまでもありません。それに対し弁護人の弁論は虚ろに聞こえ，被告人の最終陳述もその口調の強さとは異なり，耳には弱々しく響いておりました。

判決期日において宣告された判決は有罪判決であり，量刑も比較的厳しいものでした。被告人の理由のない否認に対し，裁判所が厳しい評価をしたものといえましょう。

本件は，捜査として何をポイントにおいて行うべきか，最も

検察官とは

適切な方針を見いだすことができた事案といえるでしょう。あらゆる事件について、否認事件であるか否かによって要求される程度に若干の相違はあるとしても、常にこのような工夫が求められています。ここに職人技ともいえる検察官の技量が反映されてくるといえるでしょう。

ある検察官の１週間

1. 検察官の１週間

　これまでは一つの事件を通して理解を深めていただこうとしてきました。ここである検察官の１週間の仕事振りについて，少々デフォルメをしながら見ることにします。これを読んでいただければ検察官がいかに同時並行的にいろいろな仕事に取り組んでいるのかがわかると思います。

×月○日（月曜日）
　本日は，単独部の公判が１日中開かれる曜日です。毎週この月曜日が単独部の開廷予定日になっています。

検察官とは

　現在裁判所は日常起きる刑事事件の多さから，必然的に単独部の公判がラッシュとなり，開廷日には1日中フル回転します。

　この日印象に残った事件は，覚せい剤取締法違反被告事件でした。内容は被告人が覚せい剤中毒者に覚せい剤を売ったというものです。

　現在，もっとも心配しなければならない罪種として覚せい剤の事件があげられることはみなさんもご承知のことと思います。ですから，検察官が日常取り扱う事件においても，覚せい剤の事件が大きな比重を占め，必然的にいろいろな弁解も出されています。

　この事件の被告人Aは身柄を拘束されてからしばらくの間，徹底的に事実を否定しました。覚せい剤を譲り渡した相手などは見たこともないというのです。しかし，譲り受けた人間がAから買ったという話が本当ならば，何かほかにも証拠があるに違いありません。検察官は担当の警察官と協議して，徹底した裏付け捜査をしてもらいました。

　その結果，覚せい剤の取り引きがなされたとされる日時に，Aの車が現場付近に駐車しているのを目撃した人がいること，Aの手帳に譲受人の電話番号が書かれていたこと，さらにはAと譲受人とを引き合わせた者がいることなどが判明し，それに基づいてAを追及したところ，ようやく素直に事実を認めたのです。

　検察官としても，徹底的に否認し続けるAの姿を見て，法律を犯してもなおそれを否定し続けることに憤りを覚えたわけですが，その後Aが素直に事実を認めて反省している姿に接して，これを機会に何とか立ち直ってほしいという考えから，Aの将

来のことなど打ち解けて話をしたのです。

　公判でもAは素直に事実を認めました。検察官は，公判廷でやり直すとはっきり述べたAの真剣な顔を現在もはっきり記憶しています。

×月○日（火曜日）

　今日は合議の法廷です。罪名は強盗致傷罪です。

　この事件の被告人は，捜査当初においては傷害の事実を否定していました。すなわち刃物を用いた脅迫行為は認めたものの，それを用いた被害者の傷害については覚えがないと主張をしていたのです。しかし，被害者の話が一貫していて揺るぎがなく，それに基づく追及に抗し切れず，被告人はその後素直に事実を認めました。

　裁判所による人定質問，起訴状朗読を始めとして，公判は静かに進行し，1回で結審しました。

　この被告人には同種の前科が多数あって，今回は長期間服役しなければなりません。重ねてきた前科について裁判を受けるたびに更生を誓ってきたのでしょうが，再び服役せざるを得ないこの被告人の姿を見て，検察官としては自分たちの無力さを感ぜざるを得ない事件だったといえるでしょう。

×月○日（水曜日）

　今日は，警察から送致を受けた身柄事件の担当を上司から命じられました。身柄事件というのは被疑者を逮捕したまま送致されてくる事件で，すでに細かく説明したとおり警察官は逮捕から48時間以内に検察官に事件を送致しなければならず，検察

> 検察官とは

官は送致を受けたら被疑者に弁解の機会を与えて、それ以上留置を続ける必要がないと思われる時はただちに釈放し、必要があると認めるときは送致を受けた時から24時間以内に裁判官に勾留請求をします。

本件はタクシーに無賃乗車したという事案であり、住居も不定の被疑者が逮捕されたのですが、弁解を聞いてみると、タクシーで乗りつける先に金を借りられる人がいたからその人の金で支払うつもりだったと言い出しましたので、さっそくその裏付け捜査にかかったのです。被疑者の弁解それ自体は具体的な人名まであげるものではありませんでしたので、捜査にある程度の時間を要する見込みから、10日間の身柄拘束が許される勾留の請求をしました。

×月○日（木曜日）

今日も合議の法廷です。

今日の事案は2人組の強盗の事件で、2人とも暴行の態様や強取金員の額等について事実関係を争っていますので、被害者の証人尋問が行われました。被害者は証人として証言するのも初めてのことですし、裁判官たちを目の前にして宣誓という重々しい儀式をしたことで、すっかりあがってしまっているようでした。それでも検察官が尋問を始めると、事前に面接して証人尋問の説明をしておいたことが功を奏して、落ち着きを取り戻し、的確な証言がなされるようになり、検察官も内心ではホッとしている様子でした。このように争いのある事件では直接事件関係者の口から証言を得て、裁判所が心証を形成していくのです。

検察官とは

▲警察から送られてきた証拠品を受理する事務官

×月○日（金曜日）

　今日は先週末に勾留請求を済ませておいた被疑者の取り調べが予定されています。この日まで，この事件に関する法律問題や情状などについて，文献，判例などの資料にもあたり，また事件記録そのものの精査も済ませて事件の内容を頭に入れて，検察官は取り調べに臨むものです。取り調べにおいては，既に説明したとおりに事情を聞き取り終えてから，その内容を整理した後口述して検察事務官に筆記させ，さらに供述した人に読み聞かせて誤りのないことを確認して，署名と押印あるいは指印を得て供述調書を作成し，後日公判に証拠として提出することになります。

　さて取り調べを終えたら，この事件をいかに処理すべきか，つまり事件の犯情を考えて起訴すべきか，不起訴にすべきか，

> 検察官とは

担当検察官はその検察官なりに判断して上司の指示を受けなければなりません。そのためには説明用の分かり易い資料や図を作成し，それを持ってまずは次席検事室に説明にいき，その決裁を得た後に検事正室を訪れ最終の決裁をもらうことになるのです。この決裁という制度によって思わぬ不備の指摘を受けることもあり，また他の事件の処理との均衡など，公訴権を独占している検察の運営が適正妥当なものになるようにコントロールが図られているのです。すでに説明した「検察官同一体の原則」に連なるものといえましょう。

×月○日（土曜日）

事件のなかには，いわゆる在宅事件といいますが，被疑者を逮捕しない事件が数字のうえでは圧倒的な数を占めていることは前に説明したとおりです。

今日は休日を返上して，午後遅くまで，未裁としていくつか抱えている在宅事件の記録の検討に追われました。

以上，ある検察官の1週間を紹介しました。もちろんこれは，本当に簡略化したもので，実際はもっとたくさんの事務がありますし，さらに日曜日を返上するということも珍しいことではありません。そして読んでいただいたとおりデスクワークが主ですから，テレビのように活動的な検察官像というものは事実と異なる虚像ということになります。このように派手な日常生活ではなく，むしろ地味な毎日を過ごすわけですから，弁護士の仕事が活動的であるのに対し，かなり際立った違いがあるわけです。

この点については，検察官が国家権力の一部の作用である検察の権限を行使するものである以上，権力のある者には必要以上の富みを与える必要はなく，またその逆も真であることを想起しておく必要があると思われます。

　検察官はこのように，毎日記録の検討に追われることも多いわけですから，正直なところ疲れを覚える暇がないなどということはありえません。しかし，ここでくじけたら悪いことをやった人間が笑うぞと思えば，またもやファイトが湧いてくるというのが多くの検察官の本音なのです。検察官は国家公務員ですが，俸給も仕事の対価であるという意識は強くなく，この自負心がかれらを支えていることに違いありません。

2. 検察官の仕事における喜び

　以上いろいろな観点から，検察官に関しその仕事振りや法律上の立場等について述べてきました。

　検察官は罪を断罪するというその職責から，どうしても孤高の人になるという傾向は否めません。しかし，被疑者・被告人とともにその更生に努力する気持ちを常にどの検察官もその胸のなかに持ち続けているはずで，その気持ちが被疑者の更生に少しでも役立ってくれるのではないかと信じています。たまに更生した被疑者・被告人から便りをもらうことがあり，その時には，検察官も心の底から検察官という職業に就いた喜びを実感します。

　検察官は，国家権力の一作用を担う者として，もともと個人

検察官とは

に対して脚光が浴びせられるという性質の職業ではありません。また個々の検察官もそれを望んでいるものでもありません。

ときおりマスコミ等による検察に対する批判がなされることがあります。それらに対しては謙虚に自己を顧みて，反省すべきことは反省するとともに，いわれのない報道には動じることなく毅然として検察の姿勢を守っていく必要があるといえます。検察官は自己の仕事に自負を持っています。マスコミの批判に対し，基本的にはいちいち反論しません。つまり仕事で自己の主張をするのだという考えに立っているのです。

いずれにしても，検察官という職に大いなる価値を見つける者は，侵害された法律上の利益が断罪という手立てによって回復され，治安の維持に役立つとの素朴な正義感を満たそうという意識，そして生活における清廉さという自負，これらを大きな誇りとして日々活動を展開しています。

ここまで読んでいただいて，検察官の仕事の素晴らしさ，また大変さについて理解していただけたでしょうか。

どんな仕事でもその大変さは同じことなのでしょうが，みなさんに検察官の実像について少しでも分かっていただければ，この本を手にしていただいた甲斐があると思います。

そしてみなさんのなかから，検察官という職に将来の希望を見つけ，志す人が出てくるようならばとても素晴らしいことです。

検察官になるためにいかなる努力を必要とするかについては本書のなかでも述べられていますが，ここで一つだけ触れるとしたら，例えば司法試験合格を経て検察官になろうと希望する

場合は，試験合格が目的ではなく，それを手段として自分の行いたいことを実行していくのだという意識を忘れずに，早期に試験合格ができるように日々の努力を忘れないようにしていただきたいと思います。

そして検察官という人文科学の世界で生きていくためには，他の者への説得の力が大きなウエートを占めますから，いろいろな知識も当然基礎として必要になります。その力を身につけるためには，日々のなすべき事がら，本来の勉強に精進し，実力を蓄えていくことを心掛けていきたいものです。

Part 2
検察官の「仕事」ウォッチング

検察官5人の仕事と日常

先輩検事の助言，金言，格言集

執筆者紹介

山下輝年　*Terutoshi YAMASHITA*

　　　　　　鹿児島市出身
　　　　　　中央大学法学部卒業
昭和56年　　司法試験合格
昭和59年4月　東京地検刑事部・公判部（初任地）
平成7年4月　国連アジア極東犯罪防止研修所教官（執筆当時）
現在　　　　法務総合研究所国際協力部教官

1. はじめに

　刑事司法関係者のうち，警察官，裁判官，弁護士，刑務官と言えば，その詳細は分からなくても，言葉自体からどのような仕事をしている人たちか，一般の人にも簡単に分かるであろう。ところが，「検事」とか「検察」と言っても，何もイメージが浮かばないというのが現実である。その意味で，検事や検察は，すでにスタート時点でハンディを背負っている。実際，「検察官の仕事がわかる本」なる本の出版企画が出て，自分自身も執筆に違和感を持たないまま応じ，現に出版に至ること自体が，そのようなハンディを象徴している。

　一般の人はそうでも，この本の読者はそれなりに法律に関心があり，検事についてもある程度知識を有しているであろう。仮にそうでなくても，この本の他の部分を読めば，検事の仕事についてかなり詳しいことが書かれており，一応のことが理解できると思う。したがって，ここでは視点を変え，日常生活における先輩検事の興味ある助言や会話に焦点を当てることにした。

　参考までに，私は，これを執筆した平成10年2月時点で，検事生活14年目終盤であり，東京，熊本，水戸，東京，福岡の各地検で11年の捜査・公判経験を有し，直近の3年間は「国連アジア極東犯罪防止研修所」という一風変わったところで（それでも法務省法務総合研究所の一部）英語に苦労しながら教官を務め，各国の刑事司法制度を知る機会を得ている。これを除けば，ごく普通の経歴を持つ検事である。

検察官の「仕事」ウォッチング

2．検事1年目の話

① 初公判の被告人は眼鏡を掛けていたか？

　裁判官は任官当初は判事補であり，一人で法廷に立つことはない（厳密には一つだけ例外がある）が，検事は内部で先輩の指導があるとはいえ，対外的には任官したその日から一人で検察官の権限を行使しなければならない。最初に法廷立会する事件は自白事件で問題ないのだが，前日まで，起訴状に読めない特殊な固有名詞はないか，要旨の告知（検察官が法廷で同意証拠の内容を逐一要約して紹介する手続き）は準備が十分か，求刑を間違えてはいけないなどと気を付けると，自然と緊張は高まる。法廷では，起訴状朗読，冒頭陳述，同意証拠の要旨の告知，被告人質問，論告求刑と検事が行う訴訟行為は弁護人に比べて非常に多く（感じられ），立ったり座ったり忙しいというのが実感であった。

　法廷が終わり，私が「何とか無事に済みました」と報告すると，先輩の指導検事から「僕が傍聴席にいたのが分かった？」と聞かれ，「そうでしたか」と私。続けて先輩検事は，「被告人は眼鏡を掛けていたかどうか覚えているか」と質問してきて，私は，「はい」と言いつつ，「眼鏡を・・・・」と言って絶句した。全く思い出せないのである。その先輩検事の言葉は，いかに私が極度の緊張状態にあったかを知らせつつ，「今後そういうことではいけない」と暗に知らせる短い指導であった。

　今では法廷立会で緊張することはほとんどないから，いい意味でも悪い意味でも慣れてしまったのだろう。その意味で，す

▲アジア極東犯罪防止研修所の国際研修状況

ばらしい初体験であった。

② 弁録が勝負だ

　警察の身柄送致事件（警察が被疑者を逮捕して証拠書類と共に検察庁に送致する事件）の場合，送致直後に検察官が被疑者に黙秘権，弁護人選任権を告げ，送致（被疑）事実を読み聞かせ，間違いがないか，何か弁解することがないかを聞き，その内容について弁解録取書という調書を作成する。通常「弁録」と省略して呼ばれる業界用語である。法廷での一発勝負に比べれば，捜査の場合，当初の失敗は捜査期間中に巻き返すこともできるので，その意味では余裕を持てる。

　ところで，１年目の検事は，先輩検事と同室に配置されるが，取調べの方法は自分で体得していくほかない。人の真似をしてもうまくいくものではないが，今後先輩や同僚の取調べを見る

検察官の「仕事」ウォッチング

ことはあり得ないので貴重な経験である。この同室の先輩検事が口を酸っぱくして言うには，「いいか，弁録が勝負だ。君だってどんな被疑者が入ってくるか分からないという不安があるだろうが，相手はなおさらだ。被疑者はどんな検事に当たるか不安で不安でしようがなくて入って来るんだ。そこで，君の不安を見抜かれたら終わりだ。事件のことを知らないような言動をしたら君の負けだ」ということであった。

やや精神論に近いであろうが，その後の経験に照らしても弁録が極めて重要であることは間違いない。自白しているようでも，一部否認であったり，ときには完全否認であったりするし，その逆もある。

これに対して，当該事件の検事担当が他の予定で弁録時に都合が悪いことがあり，頼まれることがある。この場合，実際の捜査や最終決定は他の検事がやるからといって気を抜くことはできない。むしろ，他人の事件だからこそ，重要な弁録は慎重に行い，弁録の結果直ちに必要と感じられる補充捜査を警察に指揮するとともに，問題点が担当検事に分かるように，口頭で引継報告しなければならない。

③　取調中の電話を排除せよ

検事には立会事務官と呼ばれる検察事務官が通常一人おり，ペアになって仕事をする。この二人が執務室に机を並べて仕事をしており，検事の取調べも通常この執務室を使うわけで，特別な取調室があるわけではない。そこには当然，電話が備え付けられ，必需品である。

ところが，この電話が取調中には邪魔なことこの上ない。電

話で取調べを中断されたくないため，電話のコネクターを一時的に切ったりすることもあるが，当時はコネクターを簡単に取り外せるような電話ではなかった。そこで，電話のない取調室を探したり，部内には留守ということにして電話のベルを極力避けることになる。なぜここまで気にするかというと，上司や部外者から電話があった場合，取調べの雰囲気を壊さないようにぶっきらぼうに，又は重々しく応答しようとしても，やはり習性上急には変わらない。下手をすると「ハイ，ハイ」を連発してしまい，取調べの相手が被疑者であっても，被害者や参考人であっても，取調担当検事である私を見る目が変わってくるのを感じるからである。理解ある人なら問題ないが，軽蔑の眼差しを感じることもあるから用心するのが一番である。この助言の真意は，真実を追及したいなら，いろいろなことに配慮し，工夫して捜査しろということにある。

したがって，自分が検事に電話をかける際は，開口一番「今，取調中ですか」と聞き，取調中であれば直ちに電話を切るというのが同じ検事としての最低限の礼儀であり，これを実践している。

3．検事の権限・意識にまつわる話

① 不起訴意見を決裁で起訴に変えるな

検事が捜査を終えて，いざ起訴・不起訴を決定する場合に，検察官は独立であるから自分の判断だけで起訴しても，起訴は法律上有効である。しかし，通常は組織としての統一性がなければ結局国民の信頼を失うことになるから，検察官同一体の原

則があり，上司による決裁が必要になってくる。その際，主任検事と決裁官と意見が異なる場合がある。

主任検事が，起訴しようとして証拠を積極的に収集し，起訴意見に達した場合に，決裁官が不起訴意見を述べる場合は，結局事実認定上問題がなく，最終的には起訴価値があるかどうかの判断である場合が多い。

逆に，主任検事が不起訴意見であり，決裁官が起訴意見のときは，注意が必要である。実際の捜査では，途中で先行きが見えてくることがあり，不起訴になっても仕方ないという気持ちになることがある。そういうときは意識すると否とに関わらず，証拠収集に不十分な点があり，事実認定上大きな問題が生じる可能性もある。証拠を一番良く知っているのは主任検事であるから，上司に詳しく説明する必要がある。

② 刑事訴訟法と刑事訴訟規則は日本に一つしかないが，実務の方法は50通りある

検事は，通常2，3年ごとに転勤があり，これが検事任官希望者が少ない原因とされるが，この事情は裁判官も似たり寄ったりであり，あまり本質的な原因とは思えない。むしろ，検事に任官してみると，3年目に入ると自然に転勤したくなるから不思議なものである。

さて，大規模地検で1年過ごした後は地方の中小地検に転勤するのが一般的であるが，ある上司に「君は東京でいろいろ習ってきたと思うが，東京方式がどこでも通用すると思わないように。日本に刑事訴訟法と刑事訴訟規則は一つずつしかないが，実務の方式は50の地検があれば50のやり方がある。地方には地

方の特色があるから、その実務に早く慣れるように」と言われた。

その後の経験に照らすと、これは真実であり、もっと極端に言うと、各裁判体ごと、あるいは各裁判官、検察官ごとに実務のやり方が異なり、無限にあるというべきである。しかも、そのいずれもが最大公約数である刑事訴訟法と刑事訴訟規則に合致しているのであるから、これまた不思議である。

③ 覚せい剤微量所持を営利目的所持で起訴できてこそ検事の存在意義がある

何を無謀なことを言っているのかと思われるかもしれないが、その真意は、「大量の覚せい剤所持を営利目的で起訴するのはもちろん、覚せい剤約0.02グラムの微量所持を営利目的所持で起訴できるように捜査するのが検事の捜査である」ということである。

言われてみれば当たり前のことであるが、改めて言われると身が引き締まる思いがした。もちろん、微量所持を営利目的で起訴するのは非常な困難が伴うが、この言葉は、検事が捜査するからには表面的な処理で済まさず、どんな事件であっても真相を追及しなければならないという意味を有している。

④ 捜査は無駄の連続であるが、完全に無駄な捜査はない

例えば、警察庁長官狙撃事件や神戸小学生殺害事件で、凶器発見のために川や池を警察が総動員で捜索していたのでご存知と思うが、捜索当初は本当に凶器が捨てられているのかどうか、誰にも分からない。供述が正しければ、周囲の状況からして発

見されるであろう，あるいは発見されなければならないという前提がある。もし，発見されなければ，供述が虚偽であるという結論にもなるのである。その場合，有力な証拠を得られなかったという意味で，捜索が無駄に終わったという感覚を持つかもしれない。特に，この捜索に当たった警察官はそうであろう。

しかし，発見されなかったとしても，供述が虚偽であることが判明したという意味では捜査の進展である。あるいは，発見されなかった合理的理由があれば供述の信用性はかろうじて維持されるから，その理由を探る契機になったという意味でも，捜査の進展である。したがって，本当の意味で無駄な捜査というものはないと言える。

4．決裁にまつわる話

① 決裁官になったら，自分の基準の6，7割を部下がやってきたら判を押せ

ある上司による格言ともいうべきものである。この話には前段があって，「君ら若い検事が捜査して起訴した事件を僕が弁護したら，簡単に無罪か，求刑半分にできる」と冗談混じりに大胆に言うのであるが，この上司の人徳から嫌みに聞こえないから不思議である。それは，次に続けて言った内容にも負うところが大きい。その上司は，「誰でも自分の客観的実力以上に実力があると思っており，決裁官になると益々自信過剰になり，自分の基準を部下に要求すると無理を強いることになる。意識としては，自分の基準の6割か7割の仕事を部下がやってきたら，客観的にはほぼ90点か100点近くなっている。だから判を

押せ。そして責任を取れ」と言ったのである。

　ここまで大胆に，かつ，達観して語れる人物はそうはいないが，なかなか考えさせられる内容である。

②　決裁は事件ではなく人を見てやるべし

　これまた大胆な意見である。もとより，決裁は事件に応じて行うのであるが，この上司は，その域を越えて，「決裁を事件ごとにやっていると思ったら間違いだ。事件数も多いのだから，実際には決裁は人を見てやっている。捜査の面で信用できる検事が上げてきた事件の決裁は，無条件か，ちょっとした注意で済ませるから簡単に通る。信用できないやつの事件は，事件記録を隅から隅まで読んで，逐一検討しなければならない。そういう意味で決裁は人でやる。人を見抜くのが決裁官の最初の仕事だ」と断言するのである。

　これまた，心に残る格言で，信用を築くには長年を要するが，信用を失うのは一瞬であるという格言と表裏の関係にある。

③　決裁と指導は違う

　これは分かったようで分からないような内容であるが，この上司がよく言っていた内容を紹介すると，その意図が見えてくる。それは，「いいか，ここまでが決裁だ。これから言うことは指導だから混同するな」という表現であった。明らかに「指導」という言葉を一歩踏み込んだものとして使用していた。要するに，決裁をやるだけであれば，それは決裁官の純粋な仕事であり，事件が正確に起訴か不起訴となれば良いだけのことであるから簡単なことである。しかし，指導は，「当該検事が見

込みあるからと思えばこそ，検事の捜査はかくかくしかじかあらねばならない。自分であったらどのようにするというように詳細な助言を与えるものである」ということであった。

このような上司に恵まれれば，自然に仕事をやる気が出るというものである。

5．一般的な意識にまつわる話

① 泥棒のすすめ

これは，ある上司の訓話であり，記憶している限度で紹介すると，「職員の皆さんに泥棒のすすめを宣言します。泥棒といっても刑法に触れる窃盗ではありません。知恵泥棒です。他人の良い知恵はせっせと盗みましょう。分けてもらえることを期待しては駄目です。財物を盗めば被害が生じますが，知恵泥棒の場合，被害はなく，むしろ，知恵が他人に渡って価値が倍増します。組織にいる者として，こんなに有益な知恵泥棒をすすめないわけにはいきません」というものであった。なるほどと内容に感心していたところ，1年後の訓話で，「知恵泥棒は初期の段階です。これにより知恵の共有という状態が生じたはずです。今後は共有状態を倍加させるために，大いに他人に知恵を分け与えましょう」と言い，さらに半年後に，「知恵の共有状態が進みましたが，ある人にとっては一つの使い道しかなかった知恵が，渡った他人によって，異なる使い道が生まれることもあるのです。さらには，知恵と知恵とが融合して新たな知恵が生まれるのです。最終到達点はここにあり，その作用は無限に続きます」と訓示した。

内容のみならず,2年がかりの訓話にただならぬものを感じた。

② 前例は作るものだ,前例が前例たりえた理由と背景まで探れ

役所という世界にいると,「前例はあるか」とか「前例はどうなっている」などとよく聞かれるが,この「前例」は実にくせものである。

「前例」の最も悪い使い方は,「前例がないからできません」と否定の根拠に使うことで,典型的な木端役人が使う用法である。その論法には,自ら考えて対応しようという姿勢が全くない。仮に相手方の要望に対処する場合においては,相手に誠実に答えようとする意識のかけらもない。そもそも,新しい事態に遭遇した場合には,前例があるはずはないから,全く不可解な対応である。

次に悪い用法は,「前例がこうなっていますから,今度の場合もこうしなければなりません」という前例踏襲型である。これが正しければ良いのであるが,このような場合,往々にして表面だけ似ていて,物事の本質をとらえていない場合が多い。

前例の正しい使い方は,前例がないのは前例を作るチャンスだと考えて,新しい事態に自分で考えて対処することである。また,今自分が行おうとしていることに矛盾する前例がある場合には,あきらめるのではなく,当時前例が前例たりえた理由と背景を調べ,今回の事情と異なることを示せば,前例の射程距離が異なるわけで,拘束されないことになる。前例を作った人が必ずいるわけで,前例にばかり頼る姿勢は,先人よりも自分が劣ることを無条件に認めることである。

最後に，自分のこれから行おうとする行動が前例に合致するときは，遠慮なく「前例がある」と正当化要素の使う臨機応変さも必要である。

③　先輩検事の逸話は話半分に聞け

先輩検事というのは，過去の体験談を話すが，自慢話である場合が多い。私も14年目ともなると講釈をたれたくなり，この類の話を自制するのは，なかなか難しい。

ひと頃多かった先輩検事の自慢話は，「自白を取らずに起訴した事件はない」というもので，当初はすごい検事がいるものだと感心したが，どうも話に無理があるのではないか。冗談半分に観察すれば，「もしかしたら否認されたら不起訴にしたのではないか」とも言えるが，凄腕の検事がいるのも事実である。

④　いい仕事をするには，まず自分が楽しまなければならない

文句なしの名言である。この対極意見として，「仕事で自分の楽しいことばかりできるはずはなく，嫌であってもやらなければならないのが仕事というものだ」である。いずれも正しいが，嫌な思いをしつつ仕事をしていれば，表面上は取り繕っていても，相手に見透かされ，不快にさせるか，同情されるかのどちらかであろう。

前者の名言は，嫌な仕事であっても自分なりに仕事を楽しくやろうという動機付けを行うことを意味しているのに対し，後者の対極意見は，仕方なしに仕事をやるという感じになるのは間違いない。

仕事を与える上司の立場から見ると，対極意見は「嫌であっ

てもやってもらう」という姿勢がありありで，部下を不快にさせる権威主義的な響きがあるのに対し，前者の名言は「気持ちよく仕事をしてもらう」という意味の思いやりにあふれている。いずれが部下のやる気を起こさせるか一目瞭然である。

6．終わりに

　書き終えてみると，よくも長々と，いわば内輪話を紹介してきたものだと，我ながら恐縮してしまう。果たして検事や検察というものを理解する上で役立ったのか，はなはだ心許ない気がするが，いち検事の話として参考にしていただければと思う。

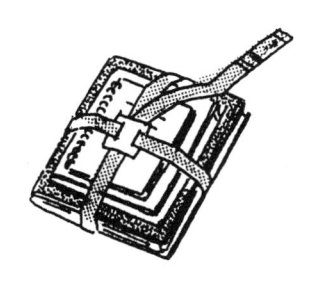

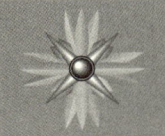

検事の生活

執筆者紹介

立石英生　*Hideki TATEISHI*

　　　　　　神戸市出身
　　　　　　中央大学法学部卒業
昭和61年　　司法試験合格
　　　　　　松山地検（初任地）
平成8年4月　松江地検（三席検事）（執筆当時）
現在　　　　高松地検特別刑事部長

1．法曹への志

　私が法曹を志したのは，小学校5年生ころのことでした。当時の新聞に，アメリカのラルフ・ネーダーという弁護士の紹介記事が掲載されていたのを読んだのが発端です。今から30年以上も前のことでもあり，若干不正確な点もあるかもしれませんが，その記事は，同弁護士が消費者を代表して天下のＧＭ社を相手取って，自動車事故の傷害が自動車自体の構造上の欠陥に起因するものだという損害賠償請求訴訟を起こし，様々な妨害や障害を乗り越えて，ついにこれを認めさせたという内容であり，同時に同弁護士のおごらない人格と質素な生活態度等が紹介されていたのです。当時から正義感と反骨精神が人一倍旺盛だった少年の目には，強大な権力に単身立ち向かったネーダー弁護士の姿が，鉄腕アトムか鉄人28号のような，「強きをくじき弱きを助ける正義の味方」として映ったのでしょう，身震いせんばかりの強烈な感動とともに，その場で自分の将来はこれしかないと決心させるに至ったのです。今から考えると，悲しいまでに純粋ですが，おそろしいまでに短絡的であり，その後長い受験生活を送るはめに陥ったのは，そんな些細なことがきっかけだったのです。

　そんな訳で，そのころから法曹への道を志したものの，法曹三者の中でも弁護士しか眼中になく，法廷物のテレビドラマを見るにつけ，たいがい七・三分けで，銀縁の眼鏡をかけた検事役の俳優の意地悪そうな容姿や，無実の者を犯人と決めつける態度に嫌悪感すら抱いていたものでした。当時の法廷物のドラ

マは，主人公の弁護士が逆転無罪を勝ち取る筋書きのものがほとんどであり，そこでは検事は悪者役という設定なのですから，仕方がなかったかもしれませんが，そのころの私にとってみれば，検事はいわば強大な国家権力の代名詞であり，正義の味方の弁護士にとっては，憎き相手として敵視することはあっても，まさか将来自分が検事になろうとは夢にも思っていなかったのです。

2．大学生活・受験生生活

　高校時代はバレーボールに明け暮れ，1浪して中央大学法学部法律学科に入学し，さらに，2年生の時に真法会研究室への入室を許されました。しかし，入室当初の私は，お世辞にも真面目な研究室員だとは言えなかったように思います。他の同期の室員たちが必死になって勉強しているのにもかかわらず，自分の能力を過大評価し，あわせて司法試験自体を甘く見ていたこともあって，「大学時代にしかできないこともある」などという自己弁護を建前に，あまり研究室には寄りつかず，アルバイトに精を出し，友人らと遊び回っていたのです。そして，いよいよ大学も卒業する段階になり，一般企業に就職するつもりはさらさらなく，必然的に司法試験浪人を決め込んだのですが，とにかく自分の力で生活しながら勉強を続けられる生活環境だけは整えるべく，知人の紹介で，1日おきに宿直するビルの警備員の仕事に就きました。以後は，この仕事をして給料をもらいながら，研究室に通って，勉強する日々が続きました。しかし，いざ本格的に受験勉強を開始したものの，在学時代にさぼ

検察官の「仕事」ウォッチング

▲執務中の立石検事

っていた遅れもあり，当初の答案練習会等での成績は惨憺(さんたん)たるものであり，あらためてそれまでの自分の認識の甘さを思い知らされ，本腰を入れて勉強する必要があることを痛感させられたのです。

　受験生時代は，大学4年生の時から移り住んだ都内杉並区高円寺の6畳一間の下宿で過ごしました。交通の便がよかったことと，何よりも，当時月1万2,000円という格安の家賃（それもずっと値上がりなし）が魅力的でした。もちろん風呂もなければ，テレビもなく，日当たりはいいものの，隣家の屋根の照り返しがきつくて，夏はサウナ状態になる部屋でしたが，特に大学卒業後は1日おきに寝に帰るだけでしたし，特段苦にはなりませんでした。というのも，当時の受験生仲間達は，ごく一部の者を除いて，多かれ少なかれ，自分の生活費をアルバイト等で稼いで勉強するという，古い言い方をすれば「苦学生」ば

検察官の「仕事」ウォッチング

かりでしたし，風呂付きの部屋やカラーテレビ等は，いわば司法試験に合格した者に許される，一種のステータスシンボルだったからです。その意味では，皆ハングリー精神だけは旺盛だったように思います。

そして，時には，自分は司法試験には一生合格できないのではないかという不安感に苛（さいな）まれながらも，受験勉強を続けた結果，卒業4年目にして，論文試験の成績が総合Aの評価を受け，合格レベルの実力がついてきたとの手応えを感じるようになりましたし，受験勉強も充実していたように思います。そして，そのころは，積極的に研究室の後輩たちとゼミを組みました。勉強を始めて間もない後輩たちにも分かるように，簡易な言葉を使って，本質を捉えた説明をするのにはなかなか苦労させられましたが，今から考えると，そのやり方が自分の実力を向上させるのに大いに役立ったと思っています。

しかし，その後何度か択一試験で落とされるという苦渋を味わい，ようやく論文試験まで合格したと思ったら，今度は口述試験で落とされたりもしたのです。この時には，法務省から，「君は合格するにはまだ早いし，苦労が足りない。」と言われているような気がして，ショックはさすがに大きいものがありました。加えて，ビルの警備員の仕事を退職していたので，来年までの生活費をどうやって稼ごうかなどと苦慮していたところ，ありがたいことに，当時真法会の理事長をされていた日野久三郎先生が日野法律事務所の事務員として雇ってくれることになりました。そして，仕事をしながら勉強するには極めて恵まれた環境の中で，1年間を過ごさせていただき，口述試験のための準備をすることによって，それまでとは違う観点から見る余裕

もできてきたのか,幸いにも,翌年の択一試験及び論文試験にも合格することができましたし,口述試験については,1年間の準備期間と前年の「予行練習」の経験もあってか,比較的落ち着いて受験することができ,昭和61年10月,最終合格者の掲示板に自分の名前を発見することができたのです。合格の電話連絡を実家に入れたとき,電話口で母が涙ぐんでいるのが分かり,今さらながら,長い間にわたって,苦労と心配をかけてしまったことを痛感し,自分の目からも涙があふれ出たことを記憶しています。

3. 修習生生活

　昭和62年4月から始まった私の司法修習生時代は,一言でいえば,湯島での前後期修習,東京での実務修習を通じて,非常に楽しいものでした。それまで経験したことのない実務の世界に足を踏み入れ,見ること聞くことみな新しいことばかりであり,知的好奇心を充足させるには事欠かない上,「見習期間」であるがゆえに,自分で責任を負うことがない気楽さが許された時期であり,楽しくないはずがなかったのです。

　ことに実務修習に入ってからは,前期修習で取り扱った,いわばシミュレーションとしてアレンジされた修習記録と異なり,実際に起こった生の事件を取り扱うのですから,毎日がカルチャーショックに近い感動と,時にはハプニングの連続でした。例えば,私の場合は,東京地検における検察修習からのスタートでしたが,当初は,手錠に繋がれた被疑者が庁内を押送される姿を目の当たりにして,それだけで少なからずショックを受

けていたくらいですから，取調べ修習の際に，身柄拘束された被疑者が自分の目の前に座っただけでドギマギしてしまい，ベテラン（？）の被疑者にいいようにあしらわれたとしても仕方がないことだったかもしれません。

4．検事への進路変更

先ほどもお話ししましたように，自分が進むべき進路については，幼いころから弁護士になることが夢でもあり，検察官や裁判官に任官するつもりはほとんどなく，研修所入所時においても，自分は弁護士になるのだと決めてかかっていました。しかし，結論からいうと，私は，研修所入所からおよそ10か月後に，ある出来事がきっかけで，検事任官に進路を変更することを決意したのです。

検事に任官した理由については，これまでにも，何人かの人から聞かれる機会があり，その度に，私は，「司法修習生時代に，何人かの検事の人間臭さに触れて，報酬にとらわれずに純粋な正義感で仕事ができることに魅力を感じたから。」などと答えてきましたし，それもけっして嘘ではありません。それは，第1には，前期修習や実務修習を通じて，実際の検事の姿に触れて，それまで自分の頭の中だけで「純粋培養」してきた検事や検察庁に対するイメージが，実際とは大きくかけ離れていることに気づいたことです。つまり，それまで私は，検事というのは，被疑者や被告人の言い分には一切耳を傾けず，法廷では，その悪いところだけをピックアップしてことさら大げさに誇張して指摘するような，意地悪な性格の人種であり，また検察庁

も，法を守るという大義名分のためにはいかなる妥協も許さない，頭でっかちの組織だと考えていたのです。しかし，それは，テレビドラマ等の影響により，自分の頭の中だけで作り上げてしまった虚像にすぎず，実際の検事は，人間的にもずっと暖かみがあり，まさに「罪を憎んで人を憎まず」の例えどおり，やってしまったことはやってしまったこととして，その中でも，被疑者の言い分に耳を傾け，少しでも有利な事情があれば，その点についても十分な捜査を尽くした上で，個人的な感情や人情と法律の規定との板挟みに悩みながら被疑者の処分を決し，そして時には，なぜそんなことをやってしまったのかというような，人の気持ちの奥底まで入り込み，被疑者や被害者の心の痛みを我がことのように分かちあおうとしていることが分かったのです。

そしてもう一つには，検察庁が，「少数精鋭」を自負し（なおこの点は，後で，単に任官希望者が少ないがために，「少数」とならざるを得ない状況であったことが判明しましたが），そこで求められている人材は，「若くて」優秀な検事であって，30歳をすぎて任官するような者は検事として「お呼びでない」だろうと考えていたことでした。しかし，実際には比較的高齢になってから任官されている検事が第一線で活躍されていることが分かりましたし，自分が思っていたより，検察庁も「懐が広い」ことが再認識できたのです。

そして，これらのことは，正義の味方を目指す（？）自分の中でも，必然的に，「検事になるのも悪くないなぁ」という思いに変わって行きました。ただ，それでも，自分が長年にわたって弁護士になるという夢を抱き続けてきたという「思い入

検察官の「仕事」ウォッチング

れ」は，そう簡単には断念することができませんでした。そのため，実務庁の指導検事から，「お前，検事にならないか。」などと任官の誘いを受けても，私は，「検事になりたいという気持ちはあるのですが，いろいろな事情から，なかなか決心がつきません。」などと答えており，それが当時の自分の気持ちを率直に表現した言い方だったのです。

　しかし，実務修習も半ばが過ぎ，そろそろ自分の進路を決めるべき時期に差しかかったころ，ちょっとしたハプニングがありました。それは，実務庁の指導検事から，飲みながらの話として，任官希望の有無を聞かれ，自分としては，それまでの答え方と同じように回答したつもりだったのですが，何しろ当時極度に酩酊した状態だったため，「検事になりたい気持ちはありますが…」との前半部分は答えたものの，「今いち，決心がつきかねています。」との後半部分が「尻切れトンボ」になっていたらしいのです。ただ，本人にその点についての記憶はほとんどありません。しかし，いずれにしろ，そのような曖昧な回答をしてしまったことで，同検事に「検事任官の意思あり」と誤解されるはめに陥ってしまいました。そして，自分でも訳が分からないうちに，検事志望者の１人と認識され，それを訂正する時機も失してしまいました。

　そのような誤解を招いたのは，自分で予期したことでもなく，偶然のイタズラだったのかもしれません。しかし，その時私は，この一連のハプニングについて，「ひょっとすると，これは検事になれという啓示かもしれない。自分が優柔不断で決心がつかないから，運命の神様が清水の舞台から飛び降りるよう後押ししてくれたのだ。」と勝手に解釈することにしました。それ

▲休日の立石検事

で，遂に検事に任官する意思を固めたのです。

このような経緯で検事任官に進路を変更したことについては，他人から見れば，自分の一生を左右する進路を決めるのに，思慮に欠け，あまりに短絡的すぎるではないかと笑われるかも知れません。しかし，先ほどお話ししたように，もともと法曹を志したこと自体，極めて単純かつ短絡的な思考に基づくものであったことからすれば，この場合もほとんど大差がないのではないかと思っていますし，自分では後悔はしていません。

5．新任検事時代

そのような経緯を経て，私は，平成元年4月に検事に任官し，「新任検事」として，東京地検に配属されました。研修所を出たばかりで，実務の「じ」の字も分からない状態のまま，取調

べや公判立会を経験していくわけですから、当初は失敗の連続でした。例えば、傷害の被疑者調書を作成して決裁に臨んだところ、決裁官である副部長からは、「君の調書では、過失傷害にしかならないが、被害者の告訴はあるか。」などと、皮肉混じりに調書の取り直しを命ぜられたり、放火犯人の目撃者の調書を作成したのはいいのですが、犯行当時の被疑者が口ひげをはやしていたことを失念して調書化してしまい、あわてて補充調書を作成したり、今から考えると「冷や汗タラタラもの」です。しかし、そんな失敗を繰り返しながらも、どうにか検事の職を続けられたのは、決裁官や先輩検事、時にはベテランの立会事務官らの「厳しい」ながらも「暖かい」指導や配慮のおかげであり、同時に、運動部で培われた、叱責されてもへこたれない「打たれ強さ」によるところ大だったと思っています。

6. ある事件の捜査を通じて

新任検事の1年間を経て、次は、「新任明け検事」として、M地検に配属になりました。この時に、私は、単に忘れられないというだけでなく、今後も検事を続けていく多少の自信と、結果をおそれない度胸を培ってくれた事件に巡り会うことができました。

その事件は、暴力団K会系の組員3名が、対立抗争中のH組系暴力団事務所内で拳銃を乱射して、同組員1名に瀕死の重傷を負わせたという、いわゆる「かち込み事件」であり、私が検事任官2年目の夏休み直前、犯人の1人であるAだけが逮捕送検されてきたのです。当時の私にも、この事件の難しさはそれ

なりに理解できました。つまり，Aは，実行正犯者2名（当時その氏名も不詳でした）を車で搬送しただけでしたので，20日間という限られた勾留期間内に，Aから事実関係，共謀関係及び犯意について自白を獲得することはもちろん，さらに実行正犯者の2名を割り出して，少なくともその1人からAとの共謀関係についての自白を獲得し，この点について立証しなければ，A自身を起訴することもできませんし，もしそうなれば，世間の耳目を集めた事件であるが故に，検察庁に対する非難は必至だと思われたからです。したがって，的確な見通しが要求される事件であり，当然ベテランの検事が担当すべきであって，検事になり立ての私としては，その応援に入るかどうかだけが気がかり（夏休みがフイになるから）だったのです。

ところが，当時のM地検のN検事正は，「若い検事にも修羅場を経験させなければ，いつまで経っても1人前にならない」と言われ，まさに「鶴の一声」で，任官1年5か月目の私がこの事件の主任検事に指名されたのです。この時のN検事正の英断？ クソ度胸？ には今でも頭が下がります。次席検事からその旨伝えられた私は，「大変なことになってしまった。冗談じゃないぞ。」というのが当時の率直な感想でした。というのも，Aから自白が得られなかったり，捜査の見通しが悪くて事件を潰すようなことになれば，自分だけではなく，そんな重大事件を下っ端検事に配点したことで，N検事正にもその責任が及ぶかもしれないからです。

7．検事としての一人立ち

検察官の「仕事」ウォッチング

　その日から，2名の副検事に応援に入ってもらい，あわせて数十名のE県警本部警察官を指揮して，本気で検事としての職をかけ，万一の場合は辞職も覚悟して，この事件の捜査に没頭しました。こうなると，時間との戦いでもあり，休日も，昼も夜もありません。勾留中のAの取調べはもちろん，実行正犯を割り出す手がかりを求めて，多数にわたる関係者の取調べやら，JR線やフェリーの乗車券の指紋関係，飛行機の搭乗者の名簿のチェック等，逃走ルートや凶器の投棄場所に関して考え得る限りの捜査に明け暮れました。荷が重いことは言うまでもありません。夜中に，ふと捜査すべき事項が思い浮かんで目が覚めるため，枕元にメモと鉛筆を用意して寝たのも，この時でした。ところが，このように必死で捜査にあたったものの，肝心のAは頑なに犯行を否認して，黙秘に近い状態を続けており，捜査は遅々として進みませんでした。期待して捜査してみたものの結局空振りに終わり，深夜，力無く肩を落として家路に着く毎日が続きました。

　しかし，地道に努力していれば，必ず報われる時がくるものです。勾留10日目ころから，Aの態度が少しずつ軟化し始め，勾留満了まであと数日という段階になって，ようやく自らの犯行を認め，さらに実行正犯の1人がBであることや，けん銃の投棄場所等についても自供するに至ったのです。そうなればしめたもの，後は，実行正犯2名を順次特定して芋蔓式に逮捕し，所定の捜査を遂げて，3人とも殺人未遂罪等で起訴することができたのです。この間約2か月。最後の起訴決裁を終えた時，「クビにならずにすんでほっとした」というのが正直な感想でした。

検事の生活

検察官の「仕事」ウォッチング

　今から思い返せば，この事件捜査の過程で，まさに「ツキ」に恵まれていたとしか言いようのない事項がいくつかあります。例えば，勾留満期日直前にAの自白が獲得できたこともさることながら，Aの供述を基に，Bの所在を確認したところ，Bがたまたま別件で遠くN市内の警察署に勾留中であり，即座にその身柄を確保することができたこと，けん銃の投棄場所であるY湾の海中探索の結果，けん銃1丁入りのバッグを発見することができたこと，しかも，そのけん銃は，2丁所持されていたけん銃のうち，実際に発射されたほうのけん銃であったこと，もし当初の予定日を繰り上げて海中探索を実施していなければ，台風到来の憂き目に合い，発見し得たかどうか疑問であったこと（現に再度の海中探索によっても，もう1丁のけん銃は発見するができませんでした）など，枚挙にいとまがなく，まさに「綱渡り」の捜査であったと言ってもおかしくありません。「ツキも実力のうち」という言葉がありますが，この事件は，実力が不足していても，汗をかいて努力していれば，ツキを招くこともあるという一例ではないでしょうか。

　この事件を通じて学んだことは，「結果をおそれず，当たって砕けろ。力が足りない分は自分の汗で補え。そうすれば，何とか道は開けるものだ」ということです。このことは司法試験の受験等にも，相通じるところがあるのではないかと思いますし，それが，今の私の検事生活の原点にもなっているのです。

　その後もいくつかの地検に転勤し，各所で様々な事件を担当してきましたが，否認事件やら，事実関係が複雑な事件やら，法律関係が錯綜している事件やら，多少むずかしい事件であっても，「あの時のかち込み事件に比べれば，まだましだ」とい

検事の生活

う比較意識が根底にあって，あわてることなく，落ち着いて対処することができるようになりました。今から考えると，まさにN検事正が言われたように，一つの「修羅場」を経験することによって，はじめて検事としての度胸がつき，まだ一人前とは言えないものの，ようやくその仲間入りができたのではないかと思いますし，そんなわけで，私は今も検事を続けています。

8．検事の仕事

近年，弁護士だけでなく，検事を主役としたテレビドラマが放映されるようになり，その中の検事役は，北大路欣也にしても，賀来千賀子にしても，いかにも颯爽としています。私も，彼らを見習ってスマートに仕事ができればいいのですが，実際にはなかなかそううまくはいきません。というのも，検事には，事件の真相を解明するという使命があり，そのためには，多数の証拠物を実際に自分の目で確認したり，被疑者はじめ多くの関係者から事情を聞いたり，自分で実際に汗を流して動くことが必要であり，その意味では，地道で，泥臭い面があるからです。

特に，被疑者，被害者はもちろん目撃者等，多くの事件関係者から事情を聴き，何が真実かを見極めることが，検事の仕事の中心部分を占めます。つまり，検事は，「人を相手にすること」がその仕事というわけです。事件によっては，被疑者と，勾留期間中ほとんど毎日のように，朝から晩まで顔を付き合わせ，事件のことだけでなく，これまでの生い立ちや家族のこと，会社のこと，将来のことなどについて話をすることもあります

検察官の「仕事」ウォッチング

▲仕事を終えて…

し，また，関係者を取り巻くドロドロした愛憎関係にまで首を突っ込んで，その心情を理解するよう努めなければ，本当の意味での事件の真相を解明することができない場合もあります。その意味では，検事は，人間が好きでなければできない仕事ではないかと思います。

しかし，それだけにやりがいもあるのです。ことに長い時間にわたって取調べをしていると，自然に相手の人となりが分かってきますが，それは，相手の側からも同様であり，相手に自分の人間性が信頼してもらえなければ，相手は固い殻の中に閉じこもったまま胸襟を開いてくれませんし，ましてや自分の不利になるような自白などしてくれるはずもありません。誠心誠意を込めて説得に当たった結果，相手が自分のやったことを後悔し，一からやり直す気持ちになってくれたとしたら，それは自分の気持ちが相手にも通じたことであり，こんなにうれしい

検事の生活

検察官の「仕事」ウォッチング

ことはありません。この点は，いくらハイテク化が進んでも，犯罪を犯すのが人間である以上，最後まで機械が入り込む余地はない分野だと思います。

　検事の仕事は忙しいとよく言われます。私も，これまでに，「人並みに休みたいなぁ」と思ったことがなかったわけではありませんでした。しかし，いざ事件に関わると，そんな思いはどこかに吹き飛んでしまい，事件の捜査や公判に没頭してしまうのが検事です。それが自分に与えられた仕事だからというだけではなく，自分がやらなければ誰がこの事件の真相を解明するのか，誰が被害者の無念さを晴らすのか，という一種の「使命感」と，犯罪を憎む純粋な「正義感」がその支えになっているからこそできることではないかと思います。例えば，被害者の遺体発掘作業に赴いたものの，なかなか遺体が発見できない時には，胃がキリキリ痛むほどの焦りと疲労を感じます。しかし，長い間埋没されたままの被害者の無念さを考える時，何とか自分達の手で遺族に引き渡してあげたいという，半ば執念に近い感情があればこそ，必死になって発掘作業が続けられるのでしょうし，また発見された被害者の遺体の凄惨な姿を見て，一段と真相解明に向けて闘志を燃やすことができるのです。それは検事としてというよりも，1人の人間としての素直な感情だと思いますが，それこそが，捜査に行き詰まったときや，疲労困憊したときにおける，活力源でもあるのです。

　そして，一応の捜査を遂げた後の充実感は，困難や苦労が多ければ多いほど，何にも代え難いものです。だからこそ，苦労と忙しさをともにした，女房役の立会事務官とその時に飲む1杯のビールは格別な味がするのです。

僕が検事になった理由，そして検事を辞めた訳

執筆者紹介

今井秀智　*Hidenori IMAI*

　　　　　　新潟県出身
　　　　　　中央大学法学部卒業
昭和61年　　司法試験合格
平成3年4月　東京地検刑事・公判部（初任地）
平成8年4月　横浜地検刑事部
平成9年4月　弁護士登録（東京弁護士会）
現在　　　　木村晋介法律事務所所属
著書：『ざこ検事件簿』（小学館文庫）「弁護実務シリーズ1刑事編」編集（東京法令出版）

検察官の「仕事」ウォッチング

1. 辞　意

　平成8年晩秋。本当に晴れ渡った暖かい日の午後のことでした。今でもはっきりその日のことを覚えています。僕は，横浜・関内にある横浜地方検察庁6階の刑事部長室にいました。大きな革張りの肘掛け椅子にどんと座っている部長の目の前に，いつも事件決裁を受けるときと同じように直立していた僕は，最も尊敬しかつ信頼している部長に向かって，はっきりとした口調で，来春には検事を辞したいことを伝えました。部長の肩越しに見える窓から，真っ青な空の下にえんじ色に輝く横浜スタジアムの観客席がとても綺麗でした。

　その時，僕は，とある町議会議員が右翼団体最高顧問と結託し，右翼街宣車を使って同じ町会議員数名を脅し，多額の金員を脅し取ったという前代未聞の恐喝事件の主任検事として神奈川県警捜査4課と大規模な捜査を展開させていた真っ最中でした。ですから，僕からの事件報告だと思った部長は一瞬耳を疑ったような表情をして，「このことは，誰かに言ったのか。」と訊きました。「いえ。部長が最初です。」検事を辞職するなどという重大なことを直属の上司を除いて最初に敬虔に口にできるはずがありません。部長は，しばし黙ったあと，「そうか。分かった。」そう静かに言いました。いつも廊下まで響きわたる大声で部下の我々検事を叱咤激励していた部長の返答はそれだけでした。しかし，その一言で僕の決意を察して下さったことがありがたく，僕は目頭が熱くなりました。とうとう辞意を表明してしまった。寂しさと希望の入り交じった心境なのに，そ

▲尊敬する上司（右側）とのひとコマ…

の日の青空のように澄み渡っている不思議な気分でした。

　このあと，普通なら検事生活の様々な出来事が走馬燈のように頭の中を駆けめぐる…，という感慨に耽ることとなるのでしょう。が，僕はわずか6年で検事を辞職しましたから，本当に小さな灯篭でした。また，部長室から出て僕の執務室に戻るまでの道中たった十数秒では，この小さな走馬燈は4分の1も回りません。そして，僕は，またすぐに大物町議，右翼幹部と対峙することになりました。

　検事は法務省に所属する国家公務員で全国どこへでも異動（転勤）があります。異動にあたっては勤務地などについて検事本人の希望を聞いてもらえる機会が与えられているのですが，僕はその機会に意を決して辞意を表明したのです。

検事を辞職した理由は後ほど触れますが，決して検察が嫌になったということではありません。2〜3年で全国あちこち転勤するのが嫌だとか，ましてや上司と上手く行かない，仕事に行き詰まったなどというものでもありません。検事はその職責において非常に魅力的な，やり甲斐のある仕事だと思っています。短い期間ながら，検事として社会正義実現の一翼を担わせてもらったことは僕の喜びでもあり誇りでもあります。俗っぽい言い方をすると僕も「検察大好き人間」の１人でした。

僕は，平成３年４月東京地方検察庁検事として任官し，その後，岡山地検，東京地検を経て平成９年３月横浜地検刑事部検事を最後に退官しました。まさに駆け出しのままで終わってしまいましたが，捜査・公判のいわゆる「現場」で様々な経験をさせてもらい，僕なりに一所懸命奮闘してきたつもりです。そして，弁護士となった今，かつての検事時代を振り返って，弁護士とは違う面をもつ，ちょっと変わった僕の体験を二つほど紹介します。

２．僕の事件簿　Part 1

——無罪判決，検事控訴。そして逆転有罪

99パーセント以上の有罪率を誇るわが国検察。その強大な権限と組織力を背景に徹底した捜査を遂げて真実究明に努め，犯罪者を起訴に持ち込みます。そして，起訴した以上は，公判で十分な立証活動を繰り広げ，有罪を勝ち取ります。先の有罪率が諸国に比較して高すぎるという批判もないわけではありませんが，起訴されたらほぼ有罪という図式が出来上がっているこ

とは紛れもない事実です。ですから，例えは悪いかもしれませんが，検察にとって無罪判決は，まさしく「忘れたころにやってくる天災」でもあります。

　刑事裁判の判決は，裁判官が公判廷で告知します。有罪判決の場合，まず，「被告人を懲役〇年〇月に処す。」などと告げます。そして，執行猶予の場合は，この後に「この裁判が確定した日から〇年間右刑の執行を猶予する。」と続きます。ちょっと意地悪な裁判官はその間を空けたりするので，被告人や弁護人はビクッとします。実刑か執行猶予かは，刑務所に行くか行かないかの瀬戸際だからです。これに対して，無罪の場合は，一言，「被告人は無罪。」と告げられます。

　判決公判では，これに立会した検事は裁判官の告知を聞きながら報告用紙の事項欄に「レ」点でチェックしていきます。めったに無罪判決はないので，検事は，裁判官が「被告人は…」と口にした瞬間，ペンを持った手がピタッと止まってしまいます。有罪の時は「被告人を」ですが，無罪の時は「被告人は」だからです。よって検事にとっては，裁判官が「を」と言うか，はたまた「は」というかは，まさに天と地ほどの違いなのです。

　僕も2度ほど，ピタッとした経験があります。もっとも最初のピタは，事実認定や法律解釈が難しく，もしかしたらと予想もしていたので，小さなピタでした。が，2度目のそれは恥ずかしながら全く予想していなかったので，ボールペンを持った右手が検事席の卓上で浮いたまま体が凍り付いてしまいました。

　これは，ある暴力団組長の傷害事件でした。組長が被害者を組事務所に連れ込み組員らとともに蹴ったり殴ったりして怪我

を負わせたのです。組長は，その取調べでは頑として自己の関与を否認していました。しかし，検察は目撃者の供述などから証拠十分と判断して組長を起訴しました。

　この組長傷害事件の公判を僕が担当しました。そして，組長は第1回公判で，起訴事実を認め，裁判官の前で頭を下げ，保釈となりました。ところが，第2回公判以降，組長は，またまた態度を変え，「自分は手も足も出していない。」と無罪を主張し出したのです。そして，息のかかった共犯者や目撃者の組員を証人として出廷させ，次々と組長に有利な証言をさせました。さらには，被害者にまで暴力団の威勢を背景に圧力をかけてきて，これに怯えた被害者はとうとう組長から蹴られたかどうか分からないなどと証言してしまったのです。

　これに憤慨した僕は，組長が圧力をかけていることが伺われる状況証拠を提出し，それぞれの公判証言の矛盾点等を事細かに指摘していきました。保釈を得るために第1回公判で事実を認めたなどと開き直るような輩は絶対に許せないと，僕はまさに正義感むき出しでした。

　この裁判の争点は，被害者や共犯者，目撃者の捜査段階の供述（供述調書）と，これらの者の公判廷での証言の，そのどちらが信用できるのかという点でした。僕の論告は，駆け出しながらも組長を徹底的に論破・糾弾した（つもりの）大論告でした。

　いよいよ判決期日です。保釈されていた組長も有罪判決を覚悟していたのか，収監されることに備えて衣類を詰め込んだバッグを2個持って出廷してきました。僕は組長をフッと一瞥し，自信満々の笑みを浮かべて検事席に腰を降ろしました。その時

の僕を思い出すと今でもちょっと恥ずかしくなります。

　そんな，してやったり顔の僕の耳に飛び込んできたのは，裁判官の「は」という言葉でした。

　頭が真っ白になっていきました。ペンを持つ手が動きません。続いて裁判官が無罪とした理由を述べていましたが全然耳に入りません。被告人席からの勝ち誇った視線が気になります。努めて平静を保ちながら庁舎に戻りましたが，この日ほど検事の風呂敷が重く感じられたことはありませんでした。

　無罪判決が出ると，威信をもって犯罪者を起訴した検察としてはちょっとした騒ぎです。しかし，「何が何でも有罪を。」という姿勢ではありません。公益の代表者たる検察は，無罪となった理由を徹底して究明する必要があるのです。そして，無罪判決を覆さなければ社会正義に反すると判断した場合に検察は「事実誤認」を理由として高等裁判所に控訴します。逆に裁判所の判断が妥当であるか，またはこれを覆すのが極めて困難であると判断した場合には控訴を断念するのです。

　この会議は「控訴審査」と称されて，まず地検で行われます。当然のことながら部外秘で，先輩も後輩もなく，それぞれの検事が忌憚（きたん）なく意見を出し合って白熱した議論を繰り広げます。その際，起訴検事や公判担当の検事は事細かに事実経過や証拠関係を問われます。あたかも自分が犯罪者であるかのような追及を受け胃の痛くなる思いをすることもあります。しかし，これも検察の厳しさの一面です。

　さて，組長無罪判決に凍り付いてしまった僕は，気を取り直してさっそく控訴審査の資料作成に取り掛かりました。このま

> 検察官の「仕事」ウォッチング

ま放置したら正義は保てない。控訴しかない。逆に興奮状態に陥った僕は2日ほど庁舎に泊まり込み資料を作り上げました。そして，控訴審査。記録の隅々まで目を通し，手際よく事実経過と証拠関係を説明しました。長時間に渡る議論の後，評決です。この評決は，民主的に多数決で決められ，まず末席の若い方の検事から順に，結論（控訴に積極か消極か）とその理由を述べていきます。これは先に先輩の検事が発言すると後輩らが安易にこれに与してしまう危険があるからです。この評決の結果は，全員「積極」，つまり控訴相当でした。

次いで管轄の高等検察庁の審査を受けることになります。事件を控訴すると高裁で審理されることになるので高検にお伺いを立てるのです。しかも控訴の申立ては判決の言渡し後2週間以内にしないといけないので，悠長にしてられません。早速に日程を調整し，僕は原審の裁判記録の山一式とともに単身で高検に乗り込んで行きます。

高検の審査は，これがまた厳しい。要領を得ない説明には矢のような質問が飛び，時には地検の捜査・公判について厳しく批判されることもあります。僕はまさに針のむしろ状態です（もっとも最近は穏やかになったとのことです）。地検以上に厳しい目で見る高検では，逆の消極となることも多いのが実情です。そして評決。消極，消極…と続きます。一人地検代表の僕は，ドキドキ，まな板の鯉です。しかし結果は「積極」でした。僕は，ほっと胸を撫で下ろすようにして参列の高検検事に「有り難うございました。」と深々と頭を下げました。が，僕の仕事はこれで終わりではありません。これからおよそ3か月間に渡る「大仕事」が待ち受けているのです。

僕が検事になった理由，そして検事を辞めた訳

▲横浜地検時代

　高検の審査を受けて検察官控訴が決まると、控訴の申立てをします。申立自体はＢ５判の申立書１枚ですから、たいした手間は掛かりません。問題なのは、控訴の理由書、すなわち原判決の誤りを詳細に指摘した「控訴趣意書」というものを概ね３か月以内に高等裁判所宛に提出しなければならないことです。この控訴趣意書の作成、これがめっぽう大変です。

　控訴趣意書を起案（草案）するのは地検の公判検事です。事件を熟知している者に委ねるのが最も効率がいいとの配慮だと思うのですが、実際かなり厳しい作業なのです。というのも、公判検事は、全国どこでもだいたい１人当たり70〜80件、多い場合で100件を越える継続事件を抱えています。そして公判期日は週に３日〜４日もあり、また１日に５〜６件もの審理に立

ち会うので大忙しです。普段でも夜遅くまで翌日の準備に追われる毎日です。一方，控訴趣意書は，原審の証拠を詳細に引用しつつ細かく検討を加え，原判決の誤りを指摘していく検察の英知の結集なので，少なくとも100頁，多い場合には300頁とか500頁という莫大な量になることもあります。したがって，日常作業に，突如，控訴趣意書の起案を課せられた検事は，休日を返上し，毎日深夜まで取り組むことを強いられるのです。そして1～2か月かけて苦心して生み出された起案は，上司に順次回付され，何度も何度も，チェック＆修正のキャッチボールが続きます。真っ赤に手が入って原型がとどまらない状態になってしまいます。最終的には高検決裁を受けてようやく完成です。この間，およそ3～4か月。ずっと控訴趣意書に縛り付けられた検事は，まさに地獄のような忙しさを味わいます。

　こうして完成した控訴趣意書が高等裁判所に提出されたら，一応地検検事の仕事は終わりで，ほっと一息です。しかし，それでも控訴審が継続している間は予断を許しません。忘れたころに，高検検事から問い合わせがあったり，補充捜査の依頼を受けたりするのです。

　さて，かねての組長無罪事件の控訴審（高裁の裁判）の結果ですが，1年半の審理を経てようやく結審し，判決は見事逆転の有罪判決でした（主文はもちろん「被告人を」です）。事件発生からおよそ5年も経過していたので，罰金刑に減刑されるかもしれないとの予測もありましたが，懲役刑の実刑判決でした。組長は上告を断念しこの判決は確定しました。こうして僕の受けた無罪判決は，長～い顛末の末に，錦の幕を閉じたのです。

先程お話しした無罪判決が宣告された際,検事がピタッとするというのは,こういった過酷な試練(?)が待ち受けているからなのです。無罪に関わった検事の評価が下がるなどと誠しやかに囁かれているのを耳にすることがありますが,そんなことはありません。僕の印象では,むしろ組織を上げてサポートしてくれていると感じており心強く思っていました。実際,控訴審査での説明の要領,控訴趣意書の起案の仕方など大変勉強になりました。また,日頃接することが少ない高検検事と交流する機会が持てたこと自体が何よりの財産となりました。

3. 僕の事件簿 Part 2

——身代わり発覚,公訴の取消し

刑事事件において犯罪者を裁判にかける権能は国の機関である検察官が独占しています。これは,「国家訴追主義」といって,起訴のことを「公訴」とも呼びます。また,検察官は,犯罪の成立が明らかであっても起訴しないことができます。これを「起訴便宜主義」といって,検察官は犯罪の軽重,被害者の処罰感情,犯罪者の環境などを考慮して,起訴しないことがあり,この処分を「起訴猶予」処分といいます。

この検察官の権能は,改めて考えてみるとすごいことだと思います。事件を担当する検察官の腹一つにかかっているともいえるからです。もちろん,「こいつはいい奴だから不起訴」などという検察官の独善を許しているわけではありません。検察官は常に公平中立な観点から起訴・不起訴を決めており,しか

も上司の決裁を受けて統一的な処分をしているのです。

 いずれにしても，犯罪者を起訴するかしないかの判断は検事にとっては重責です。前述のとおり，起訴された犯罪者は99パーセント以上の確率で前科者の烙印を押されてしまうからです。しかし，逆にいえば「罪を憎んで人を憎まず」的な温情もできるわけで，ここに検事の醍醐味があります。僕が検事になりたてのころ，よく先輩検事から「調べは厳しく，処分は甘く。」という標語でこの醍醐味を教えてもらいました。また，「許してやれるのも検事だ。」とも言われ，検事の仕事の人間性をかいま見ることができました。検事の仕事の中でもこの起訴便宜主義は最も魅力的なものの一つに上げられると思います。

 さて，こういった制度に裏付けられているわけですから，検察が犯罪者を起訴するということは，証拠的にも有罪が確実で，社会的にも起訴が妥当であるという相応の威信をもっていることに他なりません。ただ検察も判断を誤ることがあり，事実を見誤った時には無罪判決が下されます。また，裁判所の判断を待つまでもなく有罪判決を得ることができないことが明らかとなった場合には，検察は自ら起訴を取り下げることがあります。これが「公訴の取消し」です。

 寒い冬の日の夜，関東近郊の幹線道路で交通事故が発生しました。自動車が赤信号を無視して交差点に侵入し，横断歩道上を自転車で通過中の小学３年生の男児を跳ね飛ばしました。男児は頭蓋骨骨折などによる６か月の重傷を負いましたが，どうにか一命を取りとめました。一方，犯人の車は，およそ100メートル先の道路左側にあった家具屋に突っ込みました。店頭に

陳列されていたタンスや本棚などがクッションとなって車が埋もれ，乗車していた者に怪我人はありませんでした。程なく119番通報を受けて救急車が臨場，続いてパトカーも現場にやってきました。車から降りてきていたという１組の男女のうち，女性の方が車を運転していたと自白しました。警察官はこの女性を検挙し，検察はこの女性を業務上過失致傷の罪で起訴しました。

　この事件の公判を僕が担当することになりました。記録によれば，被告人の女性の名前は「花子」。同乗者の「山田」というヤクザ者の子供を身ごもっていました。故郷のＮ県で知り合った２人は花子の親に反対されて駆け落ちしました。事故当時，山田は無免許で運転はできないので，助手席で寝ていたとのこと。花子の話とも概ね合っています。そんな矢先に，Ｎ県で山田が放火で逮捕されました。そして山田は，「あの交通事故は自分がやったことで花子は無実だ。」と言い出したのです。

　山田と花子は事故後，職を失い，故郷のＮ県に戻りました。しかし，花子の親の猛反対を受けて２人は別れさせられました。花子のお腹の子供も山田には渡さないと言われました。世を儚なんだ山田は自殺を決意します。が，その前に，花子の実家に火を放ちました。花子の親憎さの余りの放火です。

　こんな放火事件まで犯した山田の花子に対する情愛が相当深いものであることは明らかです。すると山田は，花子の交通事故の罪をも一緒に背負って刑務所に行こうとしているのかもしれません。山田の最後の愛情表現とも考えられます。実際，ヤクザ者の中にはこういった気っぷのいいものもいるのです。

僕は，さっそくＮ県に飛びました。山田を直接取調べて嘘か本当か心証を採るためです。

　僕は，山田が恰好付けて花子をかばっているだけだろうと最初，タカをくくっていました。ところが，山田の話は核心に迫っています。事故の状況も花子以上に詳しく記憶していて，頑として自分が運転していたと主張します。花子を身代わりにした理由は，前科者で無免許の自分が犯人だと刑務所に行くことは確実だけど，花子なら執行猶予になるかもしれない。生まれてくる子供のためには花子を犯人にするしかないと思ったということでした。そして，事故を起こした車には，なんと，山田と花子の他に，鈴木なる夫婦２人も乗っていたというのです。正直言ってこれにはびっくりしました。同乗者の話は裁判記録の何処にもなかったからです。

　２日がかりの出張取調べを終えた僕の心証は，山田と花子のどちらが真犯人なのか五分五分でした。山田の話はもっともらしい面がありますが，それが却って花子をかばっているようにも思えます。鈴木なる人物が実在するかどうかも分かりません。一方，花子もこの期に及んで自分は犯人じゃないと前言を翻しています。しかし放火事件で花子の心は既に山田から離れ，「ヤクザ者の父親はいらない。」とまで言い退けているので，花子はこれ幸いと山田に罪を押しつけているようにも思えます。

　混迷を極めたこの事件の鍵を握るのは，同乗者だという鈴木なる人物です。しかし事故から１年以上も経っていて鈴木がどこにいるのか分かりません。捜査部の検事を主任として大がかりな捜査を展開しました。警察とも連携して地道な追跡が続き

ます。そして2〜3週間後。いました。鈴木がいました。四国です。僕は今度は四国に飛びました。

　鈴木は事故の状況をよく覚えていました。その日，山田と花子は鈴木夫婦と飲酒し，山田が運転する車に乗って移動中にこの事故が起ったというのです。そして警察官が現場にやってくる前にいち早く車から降りた山田らは，鈴木夫婦が面倒なことに巻き込まれないようにと考えて，鈴木夫婦はこの車には乗っていなかったことにしようと口裏を合わせていたのです。ただ，この時，鈴木の妻は相当酔っぱらって寝込んでおり，車から引っぱり出された後も路上で寝ていたとのことでした。

　さぁ，再度，聞き込みです。その結果，事故当時，大勢の野次馬の輪の外で，何故か酔っぱらった中年女性が1人路上で寝ていたという事実が確認されました。鈴木の妻です。野次馬も警察官も，まさかこの女性が事故の関係者だとは思っていませんでした。つまり，この事件のポイントは事故車が家具屋に突っ込んでしまっていたことにありました。車の中から誰がどのように出てきたのか目撃されなかったのです。そして，おそらく壊れた家具の山の中を入れ代わり立ち代わり覗きに行った野次馬たちのなかに，鈴木らは見事に紛れ込んでしまったのでしょう。その結果，山田と口裏を合わせたとおり鈴木夫婦は当初の捜査には上がってこなかったのです。

　こうして信頼に足る鈴木の供述が得られたことから，先の山田の話が裏付けられました。よって，この交通事故の真犯人は花子ではなく，山田であると判明したのです。

　さて，花子に対する業務上過失被告事件ですが，このまま放

っておけば無罪判決が下されることは確実です。そこで,「公訴の取消し」ということになるのかというと,実はそう簡単にはいきません。検察が一度,威信を持って起訴した事件を取り下げるわけですからこれは大変なことです。起訴をポンポンと取り下げたら,それこそ検察の威信は地に落ちてしまうでしょう。したがって,公訴の取消しは極めて慎重な判断が要求される事柄として,起訴の時とは違って,管轄する高等検察庁の検事長の決裁が必要とされているのです(なお,従前は検事総長の決裁が必要とされていたので,まさにお家の一大事でした)。

かくして,地検で討議した結果,花子が身代わり犯人であると判明した以上,その公訴を維持するのは妥当ではない,素直に公訴を取消すべきとの結論に至り,僕はこの結論を持って,また高検に乗り込みました。そして,またまた針のむしろに座らされ,まな板の鯉になり,しかし,結論としては公訴取消し妥当の裁定を頂きました。そして,改めて山田に対し業務上過失致傷の罪で起訴し,花子に対しては公訴を取消しました。

実は交通事件において身代わり事件は少なくありません。しかし,公判審理中に身代わりが発覚することは希であり,さらに公訴の取消しに至った例もこれまた希だと思われます。この事件は当初の捜査が不十分だとの批判もあると思いますが,その後これを真摯に受けとめ,徹底して真実究明に当るという検察の態度は十分評価されるべきと思います。

4. 検事とは

検察官控訴と公訴の取消し。これはほんの一例に過ぎません

▲現在の今井先生（中央）。
左側は木村晋介先生

が，検事の仕事の背景には複雑な組織的関与があることがお分かり頂けると思います。ここに，自分一人の判断で何事もなしうる弁護士とは決定的な差があります。これを面倒だとか，堅苦しいなどと考える人もいるでしょう。しかし，検事の意思は国の機関としての意思ですから，民意に裏付けられ，国民の信頼を背景にした公平かつ統一のとれたものでなければならない以上，ある意味で当然です。

また，検察の職務に対する厳しさとその重責をかいま見ることもできます。これも人の人生を変え，社会にも多大な影響を及ぼしうる刑罰権に検事が携わる以上当たり前のことだと思います。

弁護士の依頼人は一市民です。これに対し，検事の依頼人は善良な国民全員です。かつての僕だけでなく，おそらく検事は

みなその自負と誇りをもっていると思うのです。

5．僕が検事になった理由，そして検事を辞めた訳

　昨今の特捜部などの華々しい活躍により検察の評価は上昇中ですが，やはり今でも検察は外から見ると厳しさや堅苦しさだけが目立ってしまうところがあります。実際，同じ法曹仲間の弁護士や裁判官からもそのように誤解されていることが多く，これは残念なことです。しかし僕は検事に任官して，検察はとても自由闊達で，かつ柔軟な発想をもっている人の集団であり，また先輩後輩・同僚と，縦横の絆が深いものがあるのがよく分かりました。しかも，検事の職責は行き着くところ，証拠と事実のみに拘束されており，あくまでも自分の良識に従って仕事ができるものだと思いました。検事を辞めて弁護士になった今，かつて以上に，検事の真実究明に対する真剣な態度はとても清々しく，また凛々としたものを感じます。

　今日の価値観が多様化し複雑化する社会の中で，法曹人口の増加が見込まれています。幅広く多くの人たちに十分なリーガルサービスを与えることが法に携わる僕たちのこれからの任務です。検事・裁判官・弁護士と，それぞれの立場を堅持し専門性を高めるのもいいでしょう。しかし，時には立場を離れて全体的な観点で，より良質なリーガルサービスを全国民に提供していくべき社会に今後変わっていくかもしれません。

　僕は6年間，検事として国家に僕の持っているリーガルサービスを精一杯提供してきました。そして現在，弁護士として一市民に対しこれを提供する立場になりました。さらに，今後で

きれば裁判官にもなってみたいと考えています。そのことで法曹三者間の無用な誤解を避け，いい意味でのパイプ役になれたらと思っています。またそれぞれの立場を経験し，自分の中での法曹一元を実現したい。そんな欲張りなことを考えているのです。これが僕が検事になった理由で，また辞めた訳でもあるのです。

「検事も人の子」

執筆者紹介

島田健一　　Kenichi SHIMADA

　　　　　　新潟県出身
　　　　　　中央大学法学部卒業
平成4年　　　司法試験合格
平成7年4月　東京地検（初任地）
平成8年4月　秋田地検（執筆当時）
現在　　　　東京地検

1. 馴染みの薄さ

検事に任官してからも、仕事以外で様々な人と出会いますが、よく、「検事ってどんな仕事をしているの？」と聞かれます。

ひと頃に比べれば、ドラマや小説などでも検事の立場に立って描いたものが増えてイメージしやすくなったとはいえ、まだまだ大多数の人にとっては、裁判官や弁護士に比べ、現実の検事がどんな仕事をやっているのかよく分からないといった受け止め方が強いように感じられます。

この傾向は、身近な人になればなるほど強いようで、実際、私などは親類縁者からたびたび「取り調べとかってやるの？」と聞かれ、その度に返事に困って結局は苦笑してごまかしてしまっています（彼らは、子供の頃からよく知っている私が被疑者を取り調べている光景はどうしても想像できないようです）。

それでもごくたまに、検事のことをある程度知っているような人にも出会うことがありますが、よくよく聞いてみると「〇〇で××検事さんにはお世話になったんですよ、はっはっはっ。あの人今どうしていますか？」などと、こっちが聞きたいようなことを言ってくる人だったりするので、詰まるところ、検事というのは一般の人にとっては本当に馴染みが薄い存在なのだなと改めて思い知らされます。

2. 検事の仕事——独任制官庁

検事の大多数は、基本的には2〜3年おきに各地の検察庁を

検察官の「仕事」ウォッチング

転勤して回り，検察庁を職場として勤務しています。ですから，仕事の中身はともかく，一見すると検事も他の行政官と同じ立場のように見える場合もあります。

しかし検事が他の行政官と決定的に違うのは，検事を含む検察官の場合は，独任制官庁と呼ばれる１人制の官庁であり，個々の検察官が独立して検察権の行使を決定する権限（犯罪捜査やその結果としての起訴・不起訴を決定する権限）を持っているという点です。

つまり，犯罪捜査と公訴提起の決定権限を各検察官が独自に持っているため，「起訴・不起訴」という国家行為を，自らの判断のみに基づいて，自らの名前で行うことができ，かつ，それは直ちに国の行った行為として確定的効力を持つのです。

極論すれば，検察官の場合，犯罪を捜査し，これは起訴すべきであると自ら判断して起訴した場合には，上司の決裁・承認を経ていなくてもその起訴は国家行為として有効とされ，刑事裁判が係属する（被疑者が被告人となる）のです。

もちろん，検察官同一体の原則のもと，組織として動くため，実際にはあまりそのような例はありませんが，それにしても他の行政官の職では基本的にこういったことはできません。

考えてもみて下さい。

起訴状に自分の名前を署名して，公訴提起という国家行為を行うことは，それまでは一応被疑者という形で犯罪の嫌疑をかけられていた人に対し，国家として刑事罰を与える必要があると判断し，裁判所に刑罰権の発動のための裁判手続の開始を申し立てるということです。

要するに，被疑者を起訴するということは，その人に前科を

▲執務中の島田検事

付け，場合によっては刑務所で服役することを要求するということですから，当然ながら彼（彼女）の人生に非常に大きな影響を与えます。

　誰しも好き好んで刑事裁判の被告人になる訳はなく（ごく希に刑務所志願の人がいますが…），被告人となることについては程度の差はあれ大きな苦痛を伴います。特に，逮捕されて自由を拘束されている被疑者にとっては，起訴されて更に拘束が続くか，不起訴とされて釈放されるかでは雲泥の差があります。

　また，起訴・不起訴は，単に被疑者のみならず，その家族・縁者の生活や人生にも様々な影響を与え，社会全般にも極めて大きな影響をもたらすことが多々あり，それだけに軽々にはその当否を論じられないものでもあります。

　その上で，そういった諸々の事情を判断しつつ最終的には自

分の権限と責任で公訴提起の可否を決定するのが検事という職であるといえ，私が大きな魅力を感じたのもこの点にありました。

この他にも検事の仕事は多岐にわたりますが，内容の詳細は他に譲らせてもらうとして，次になぜ私が検事の職を選んだかを少し話してみたいと思います。

3．なぜ検事を選んだか

① その正直な理由とは

「なんで検事になろうと思ったの？」

最初の質問に続き，この質問もよく受ける質問ですが，正直なところ，これは聞かれる方にとっては，ある意味で一番答えづらい質問でもあるのです。

どんな職業であろうと，その道を選んだ動機や理由というのは，その人それぞれにあるはずで，それに対する答えも各人各様だろうと私は思っています。

そして，それはその人の人生の偶然とでも言うべきちょっとした出来事や出会いから生まれてくるというのがほとんどであって，一言で要約できるようなものではないと思うのですが，なぜか法曹に対してはこの種の質問が多く寄せられるように感じられると同時に，それを聞いてくる側にも，一種の定型化された返答を期待して質問をしているような場合が多いように感じられます。

ある時，年配の方からこのような質問をされたのに対し，私が「公務員で安定しているし，転勤で色々な土地に行くことが

できるから（あながち嘘とも言いきれないところがあるのですが）…」と答えたところ，やおら「そのような心構えとはけしからん。」と説教されたことがありました。酒の席でのしゃれのつもりだったのですが，多分，その人は「世の不正を糺し，巨悪を摘発する」的な回答を期待していたのでしょう。

話が少し横にそれましたが，こんな私が検事の職を選んだのは，もちろん安定しているといったような理由が中心ではありませんが，さりとて，巨悪を云々といった気概に燃えていたというわけでもなく，それまでの流れからいつの間にかここに至ったというのが正直なところです。

ただ，これからこの道に進んでみようと考えている方々に対し，私が辿ってきた道のりをかいつまんでお話しするのもあながち無益とも思えませんので（ごくおおざっぱですが），私の学生時代からを振り返ってお話ししたいと思います。

② 受験生のとき

私が育った環境は恵まれてはいましたが，親類縁者に司法関係者や行政関係者もおらず，高校生になっても，検事や弁護士という言葉は知っていましたが，何をしている人かは全く知る機会がありませんでした。

しかし，高校在学中に，あやうくそれらの人達のお世話になりかけた（！）ことから少しだけその存在を知り，それがきっかけとなってそれまで理系だったにもかかわらず，高校3年の夏休みを過ぎてから法学部への進学も考えるようになり，結果的には第1志望であった理系の志望大学に振られたことと，とりあえず合格していたのが中央大学だったため「まあ，折角だ

検察官の「仕事」ウォッチング

から司法試験を受けて弁護士になろう」などと脳天気に考えて大学へ進んだのです。

そういった意味では、この道に進もうとした動機は短絡的かつ場当たり的だったともいえるでしょう。

しかもバブルの絶頂期のことで、大学生活の楽しさを覚えるにつれ、机上の勉強よりも社会勉強の方に熱を入れてしまい、気がついたときには大学3年も終わりに差し掛かっていました。

そして大学4年となり、初めての択一試験を受けたものの結果は不合格でした（なぜ大学4年から受験したかですが、これは単に、大学2年時に一般教養の単位を落としたため3年時に受験できなかったというだけのことです）。

ところで、この大学4年の択一前後というのは、ちょっとでも司法試験の受験を考えた人にとっては、一つのターニングポイントとでもいうべき時期ですが、私の場合でいうと、当時は「超」の字がつく売り手市場の状況で（隔世の感がありますが）、就職活動の実態は、早ければ大学3年時の後半から、遅くとも4年時の前々半で大手企業の大半が決まってしまっていました。

そのため、いわゆる「良い会社」への就職活動の時期と択一試験の準備時期とがもろにぶつかってしまい、自分の将来については結構悩みました。しかし、結局は択一試験の不合格後に親とも相談して、試験と就職対策の両睨みのため1年留年した後大学院に進み（なぜか商法の海商法専攻でした）、大学院2年目の時にやっと最終合格してそのまま修習に入りました。また、この当時は、法曹三者の中での志望も、いつの間にか、裁判官志望に変わっていました。

振り返れば、最初の動機が場当たり的で、途中経過がいい加

減だった割に私がここまで司法試験受験を引っ張ったのは、法曹の仕事の魅力や法律を学ぶ楽しさを教えてくれた先生や先輩に恵まれ、段々と、積極的に法曹を職業として選ぼうという意思が強まった結果なのだろうと思います。

③ 自分の性格と検事

ところが、修習生となり実際に実務法曹教育を受け始めたところ、禁欲生活（？）が長かったせいもあり、合格まで一時お預けにしていた諸々の興味に手当たり次第手を出していった結果、修習生活も大学生活同様、否、それ以上に社会勉強に費やしてしまいました（こういうところは、我ながら全く進歩が無いと思いますが…）。

しかし、最終的に進路を決めなければならない時期は来ます。
そこで私なりに考えたのは次のようなことでした。
私はもともと、自分から色々と探して調べたり、物を一から創り上げるといった創造的な作業が得意でした。

また、平素はずぼらでいい加減なくせに、妙なところで几帳面さを発揮したり筋を通したがる性格に加え、たとえ金や情が絡んでも駄目なものは駄目とはっきり言いたい、という考えも持っていました。

そういった自分の性格などが生かせ、なおかつ、寄り道ばかりしていた人生で得た様々な経験と雑学が最も生かせそうな職はどれだろうかということで、一通り裁判・検察・弁護を経験したところでそれぞれの職を眺めてみたところ、やはり自分には検察官の仕事が一番向いているのではないかという結論に至りました。

そして同時に，先に少しお話ししたように，検察官特有の権限と責任の魅力も重なって，検察官への任官を志望しました。

4．検事になってから——職人仕事

① 検事としての経験

私は，検事になってから約3年弱しか経っておらず，まだまだ駆け出しですが，その僅かな期間の中でも，他の職業では経験できないような色々な経験をしました。

普段の取り調べや法廷での公判活動ばかりでなく，世間の耳目を集めた大事件の内幕を覗く機会を得たり，凶悪事件の現場に足を運んだり，さらには真夜中に死体の解剖に立ち会ったりしたこともありました（こういったことを「面白い」と感じるか，「真っ平だ」と感じるかはその人次第でしょうが…）。

時には，何日も夜を徹して証拠を検討して取り調べに臨み，被疑者と相対したこともありました。相手（つまり被疑者）も必死ですから，お互い嘘やごまかしが通用するはずもなく，正に一個の人間同士が本性を剥き出しにしてぶつかり合うことになり，当然，激しいやり取りも行われます。

しかし，そういった状況を共有すると，自ずと相手の人格が分かってくるもので，結果として，互いの間に一種の信頼関係のようなものが築かれ，被疑者本人でなければ絶対に分からない話が得られたりもするのです（もちろん，いつもそう上手くいくとは限りませんが…）。

さらに，検事の仕事は，検察という組織体で進められる反面，多分に職人的なところがあるため，取り調べの仕方や法廷活動，

▲休日のひとコマ

　その他の仕事の進め方などには，個々の検事のスタイルや思想などが色濃く反映されていることが多く，共同捜査などで先輩や同僚達と仕事を共にしたりすると，普段の事件処理からとはまた違った刺激が得られたりもします。

　そういった独特の雰囲気や刺激的な毎日は，検察ならではのものだろうと思います。

　しかし，これらの仕事は，決して検事だけでやれるものではなく，自分の部下でありパートナーでもある立会事務官をはじめとする検察事務官の献身的な努力と協力あってのものだということを忘れてはなりません。

② **責任と誇り──検事という仕事**

　検事は，その権限の大きさと責任の重さといい，刺激的な毎

日といい，とてもやり甲斐のある，そして誇りを持てる仕事です。

同年代の人間がなかなか経験できないような経験を積むことができ，社会的にも相応の敬意を受ける立場に立つこともあります。

しかし，「検事」の肩書に対するそれと，自分という一人間に対するそれとを混同して，独善になったりヒーロー気取りになることは厳に慎まねばなりません。

また，自分の持つ「力」は，力を持たない弱者が託してくれたものであることを忘れてはなりません。

検事には，『彼らが自分に何をしてくれるか』ではなく，『自分が彼らのために出来ることは何か』と自問し続けることが求められ，それが「公益の代表者」の真の意味であると私は思います。

そういう，至極当たり前の，それでいてとても難しい事柄を，私は検事生活の中で学んだように思っています。

とりとめのない舌足らずの散文となり申し訳ありませんでしたが，駆け出しの一検事がどんなことを考えているかを少しでも汲んでいただきたいと思い筆を執りました。

皆さんが少しでも検事に親近感を持ってもらえたら望外の幸せです。

新米検事の一言

執筆者紹介

倉持俊宏　*Toshihiro KURAMOCHI*

　　　　　　群馬県出身
　　　　　　中央大学大学院法学研究科博士前期課程修了
平成6年　　　司法試験合格
平成9年4月　東京地検（初任地）
同年9年6月　浦和地検（執筆当時）
現在　　　　　甲府地検

検察官の「仕事」ウォッチング

1. はじめに

　読者のみなさんは検事に対してどのようなイメージを持たれているのでしょうか。少し前まではドラマの中の検事といえば,被告人を法廷でいじめる悪役という役が多かったと思いますが,最近では検事が主役のドラマも増えてきて,世間のイメージも変わりつつあるのではないでしょうか。

　ここでは,私が検事になる前,それから検事になってからの生活についてお話ししますが,なにぶん検事になって間もないので,そんなに面白い話ができるかどうかはわかりません。最後までお付き合いいただければ幸いです。

2. 私が検事になるまで

　私は,大学進学の際には,すでに法曹になろうということを決めていました。法曹になると簡単に言っても,仕事をするには司法試験という難しい試験を受けなければならないことくらい私も知っていました。

　もちろん,不安もありましたが,それよりも何とかなるだろう,ダメだったらダメだったでそのとき考えよう,という少々楽天的な考えで大学を選択しました。

　それで私が進学先として選んだ大学が,法曹界へ多数の人材を輩出していた中央大学でした。この選択が成功だったか失敗だったかなど分かりませんが,曲がりなりにもこうやって希望の道を歩んでいるのですから,私にとっては大成功だったので

しょう。

　話が先に進んでしまいましたが,そもそも私が法曹を志すようになったきっかけを簡単に説明しておきましょう。

　私も別に小学生の頃から裁判官や弁護士になりたいと思っていたわけではありません。それが,冤罪事件で再審無罪が相次ぎ,私はそれに新聞報道などで接するうちに,「どうして無実の人がここまで苦しまなければならなかったのだろう。」「最初の裁判では弁護士はいったい何をしていたのだろう。」という素朴な疑問がわいてきて,無実の人を救うのにここまで時間がかかる刑事司法制度にとても興味が出てきました。

　興味が出ただけで終わってしまえばそれまでだったのですが,私はそこで「だったら自分もその制度に加わって,何とか改善していけないだろうか」などと考えるようになったのです。

　大学に入ってまず私が考えたことは,とりあえず司法試験についての情報を得ようということでした。私は群馬県の片田舎の出身であり,東京の大学に進学すること自体は珍しいことではないものの,様々な情報の量では東京よりやはり少ないものです。もちろん,司法試験にも大学受験のような予備校があることもよく知らず,大学の入学式で予備校がパンフレットを配っているのを見て,こんなものがあるのだと感心した覚えがあります。

　ですが,それでも私の父の同級生に弁護士がいて,その人の話では,中央大学には真法会というものがあり,そこに入れば司法試験のための勉強ができるということでした。

　それで,私は真法会に入ることにしました。

　まず私の入った真法会がどのようなものかについて簡単に説

明しておきましょう。

　真法会には中央大学内に研究室があり，そこに学生が集まって思い思いの自習をしたり，数人が集まってゼミ形式で勉強をしたりしていました。また，学生だけで勉強をするときもあれば，先輩の弁護士が講師となって指導してくれるカリキュラムもあり，学生はそれらを利用して自分の勉強をすることになります。

　もちろん，自分自身のペースで学習を進めることができるし，当然息抜きだってできます。私の場合，同じ時期に入室した仲間に恵まれ（？），大学2年生くらいまではみんなで旅行に行ったり，酒を飲んだりの遊びの時間の方が勉強時間を上回っていたと思います。

　ここで声を大にして言いたいのですが，私は良き法曹となるためには何が何でも勉強一本槍ではいけないと思います。法曹というのは人間が相手の仕事であり，自分と向かい合う人間（それが依頼者であることもあり，犯罪者であることもあり，公平な判断を下すべき両当事者であるのです）の歩んできた人生や，その人の考えを汲み取ることができなければ，その人が納得，感服する仕事をすることができません。法律の細かな議論について熟達している人間は，司法試験に合格するまでは賞賛されますが，いざ実務の現場に出たときに，そんなものは副次的に必要となるに過ぎないという現実を目の当たりにして愕然とするのが落ちでしょう。

　ですから，私としては，大学入学直後から（最近では高校在学中からという場合もあるようですが）司法試験中心の生活というのはあまりおすすめできません。

検察官の「仕事」ウォッチング

　私が大学生であるときに心がけていたのが，映画を見ることです。映画といっても，単館で上映されるような小品を好んで見ていました。

　映画というのは監督の設定した世界における人物の行動によってストーリーが進行するので，人が何を考えているのかを理解し，その裏にある監督の思想を理解しようと努力するのが勉強になります。映画館に行くのが面倒であれば，小説をたくさん読めばいいでしょう。

　とにかく，学生時代には時間が山ほどあり，いざ仕事を始めると自由な時間はなかなかとれなくなってしまいます。必ず，「学生の時にやっておけば良かった」と反省することが一つは出てくるはずです。本格的な勉強を始めるのが遅くなり，合格が1年や2年遅くなったとしても，長い法曹としてのキャリアにはたいした差ではないはずです。

　学生時代の勉強方法については，人それぞれであり，各自が自分にあった勉強方法を見つければよいでしょう。詳しく知りたい方は，法学書院から出版されている「司法試験合格体験記集」や，「受験新報」に掲載される合格体験記を読んでください。

　私の受験歴についてここで簡単に説明すると，大学3年生の時に受験しましたが択一式で不合格。大学4年，卒業1年目と論文式で敗退，卒業2年目の年に最終合格となりました。

　司法試験に合格すると，司法研修所に入所できます。2年間の修習生活の最後にある2回試験に合格すれば無事修了ですが，この合格発表を待たずに法務省において検事採用面接が実施されます。まずここで不採用となることはないらしいのですが。

3．いよいよ検事になる

　さて，無事２回試験をクリアできると，いよいよ検事になれます。

　私が任官したときの制度をもとにお話ししますと，検事は例年４月２日に法務省において辞令交付式があり，検察官のバッジがもらえます。採用直後の２か月少々の期間は全員東京地検に配属され，新任検事実務教育という集合教育を受けることになります。司法修習の続編のようなものです。集合教育終了後の配属庁についてはあらかじめ決まっており，札幌・仙台・千葉・浦和・横浜・名古屋・大阪・京都・神戸・高松・広島・福岡の各地検へそれぞれ異動することになります。

　検事は採用されて１年間は「新任検事」と呼ばれ，これが必ずついて回ります。１年経過すると晴れて何もつかない「検事」かというと，今度は「新任明け」と呼ばれることになります。その次に異動になると，今度は「A庁検事」と呼ばれ，ややこしくなります。

　とりあえず最初の１年間は新任検事であり，一人前の検事であるけれども半人前のような待遇です。人の一生を決めかねない仕事をするのですから，ある程度は教育的指導をしようということでしょう。

　さて，新任検事実務教育が終わると，いよいよ前述の各地検への異動辞令を受け取り，それぞれが「新任検事」として各地へ旅立ちます。

　私が配属されたのは浦和地検です。浦和とは，ご存じのとお

り東京に隣接する埼玉県の県庁所在地であり，東京への通勤圏であることから近年人口が急激に増加したベッドタウンを抱えています。

この浦和地検に配属された新任検事は合計6名で，それぞれが捜査を担当する刑事部と公判部に順次配属され執務します。

刑事部に配属される期間が長いので，ここでは刑事部，つまり捜査検事の日常について紹介しましょう。

4．捜査検事の毎日

普通，検事には立会事務官と言って調書の作成や，起訴状の点検，各種照会手続等の仕事を分担してくれる事務官が各自に1人ずつ付きます。立会事務官は，事件を処理するにあたって問題となったことについて，まず最初に相談する相手でもあり，とても頼もしい存在です。われわれのような新任検事にも，立会事務官が一緒に仕事をしてくれるので大変助かります。

私の場合，朝は，新規受理の身柄事件つまり警察により逮捕され，刑事訴訟法の制限時間内に検察庁に送致される事件の件数がどれくらいあるかを立会事務官と確認することから始まります。身柄事件が多いと，自分がそれらを担当する確率が高くなります。身柄事件は最終的な処分を決めなければならない制限時間が決められています。そのため件数が多くなると事件処理のため忙しくなります。

ですから，なるべくならほどほどの件数で止まっていて欲しいのですが，わが庁は大変に忙しく，新任検事だからという言い訳が通用しません。かくしてどんどん事件が手元にやってき

検察官の「仕事」ウォッチング

ます。それでも事件をこなすうちに何とかなるようになるもので，幸いにも（部長に指導を受けつつ）大過なくやってこれました。

では，ある1日について紹介してみましょう。なお，内容は経験をもとにしたフィクションです。

午前10時，すでに勾留の満期が近い覚せい剤取締法違反の被疑者Aを取り調べる予定が入っています。警察にはすでに前日に検察庁まで連れてきてもらうように連絡してあるので，早速取り調べることにします。

「じゃあ，I君，Aを始めようか。」私の立会事務官のI君は，私より年下ですが，検察庁での執務経験は当然のことながら私より長くなります。したがって細かな事務手続きについては教えてもらうことばかりです。

I君は，同行室（警察から護送されてきた被疑者達が待っている部屋）の受付に電話をかけ，Aを私の取調室に呼びました。

Aは覚せい剤を所持していたところを警察官に発見され，現行犯逮捕されました。その後，覚せい剤を使用したことも認めて尿を任意提出し，その鑑定の結果，尿中からも覚せい剤が検出されたため，使用罪でも立件されています。

すべて事実を認めている被疑者については，警察の刑事がかなり詳細に事実を尋ね，供述調書を作成してあります。検事ももちろん事実を確認しますが，検事はその後の公判請求，立証活動を念頭に置いての取調べが中心になります。所持品検査に違法な点はないか，警察の取調べにおかしな点はなかったか，そういったことを被疑者に問いかけ，被疑者から当時の状況な

どをよく聞き出し，それを調書に録取しておきます。もちろん，自分自身の取調べにおいて違法のないよう，黙秘権の告知や供述させるときの状況については十分注意をします。

Aは前科のない初犯者であり，手続にも問題はありませんでした。Aの取調べは1時間程度で終了しました。

さあ，1人調べが終わってやれやれと思っていると，新件が配点されました。時計を見ると午前11時。「何とか午前中には片づくな」と思いつつ，まず確認するのは罪名と事実。「これは強制わいせつか」いったい何をしたのだろうと思って犯罪事実をよく見ると，満員電車内での痴漢です。埼玉県内は通勤通学のため混雑する路線が多いからなのでしょうか，割とこのような痴漢が目立つような気がします。被疑者Bの身上を確認すると，奥さんも子供もいるのです。いったい何を考えてこんな卑劣なことをするのだろう，ということを考えながら，逮捕手続などに明確な違法がないかなど，捜査の適法性を確認し，Bの言い分を確認するため，送致された記録をぱらぱらと見ている間に，I君は慣れた手つきで勾留請求書や調書作成の準備をしています。

「準備ができたら始めよう。」

「はい，いつでもいいですよ。」

「じゃあ，呼んで。」

記録を見れば，被害者の女性に捕まえられた直後は「やっていない」などと言っていたようですが，警察官が調べるようになってからは素直に認めているようです。

私の前にBがやってきました。20代半ばの一見してサラリーマン風の男です。

| 検察官の「仕事」ウォッチング |

▲同僚たちと
（右端が倉持検事）

「名前は？」「生年月日は？」「本籍地はどこ？」「住所は？」「職業は？」人違いでないことを確認するために，身上関係の事項を尋ねます。そして，今日の取調べの趣旨を説明し，黙秘権，弁護人選任権を告知します。その後，犯罪事実を読み聞かせ，間違いがないかどうか確認します。

「間違いありません。申し訳ありませんでした。」そう言うと，Bはうつむいて泣き出しました。私としては事実が確認できればよいのですが，こういう輩を見ると，どうしても言ってやりたくなります。

「あなた，謝る相手が違うでしょう。頭を下げるべきなのは，私などではなく，電車の中で恥ずかしい思いをした被害者の女性だ。それをわかっていますか！」

「自分が捕まって情けないから泣いているのか。泣きたいの

は被害者の方だ。あなたがこれからしなければいけないのは，泣くことではなく，事実を正直に話して反省し，そのうえで被害者に誠意を持って謝罪することだ。泣いていたって，何も始まらないんだよ！」Bの涙が止まりました。ちらりと脇に座っているI君を見ると，「やれやれ」という顔をしています（もちろん，何も言いませんが…）。

　事実は認めていますが，詳細な事実の確認はまだ済んでいませんし，触ったときの具体的な様子についても再現させるなどして確認する必要があるので，Bを勾留することにします。調書を作成してBに読み聞かせ，署名を求めたところ，Bは調書の末尾に署名しました。これから勾留請求すること，今後の手続を説明します。Bを帰したあと，調書を完成させて勾留請求書も作り，勾留請求のための決裁に記録を回します。

　今日は身柄事件の新件がこれだけだったのでゆっくり昼休みをとることができました。事件が多くて忙しいときは，勾留請求に午後までかかってしまうときもあります。特に外国人事件の場合は，通訳をしてもらう手間もあるので時間が余計にかかります。

　昼食をとり，再びI君も席に戻ってきました。

　「さっきのAの起訴の準備もしないとダメですね。」I君が私に確認します。

　「そうだなあ。でも，とりあえず1時から被害者が来るから，そっちに集中しないとね。」

　午後には，今持っている強姦事件の被害者を呼んであります。被害者の供述は立証上きわめて重要ですから，どうしても取調べをしておきたいのですが，性犯罪の被害者を取り調べるのは，

検察官の「仕事」ウォッチング

細かいことまで聞かなければならないから少々気が重くなります。

余談になりますが，警察では被害者保護に対して近時積極的であり，捜査過程において被害者を再び傷つけないようにいろいろ策を講じています。その一環として，捜査係に女性捜査官を配置し，性犯罪の被害者は女性捜査官が取調べをするということを原則とするようにしています。検察庁でもそのようにできればよいのかもしれませんが，現在の人員ではそのような体制を常にとるのは困難でしょう。

そんなことを考えているうちに，被害者がやってきました。こちらとしては，相手が恥ずかしがらないようにつとめて事務的に応対するだけです。幸いにも，今回の被害者ははっきりと被害にあったときの状況を話してくれました。

一通り事情を聞き終わり，供述調書を作成しようか，というところで

「私，裁判所に行かなければならないのでしょうか。」と聞かれました。

「現在のところ，今から作る調書を裁判官に読んでもらい，それであなたの言いたいことをわかってもらうようにしますが，もし犯人の弁護士さんがそれでは納得できない，本人から直接話を聞きたいと言ったら，そのときは裁判所の法廷で証言してもらうことになります。」つまり，被害者調書が不同意になったときに証人尋問が予定されるということを説明しました。

「でも，犯人の友達も見に来ることができるんですよね。」

「出入りは誰でも自由ですから，その可能性はあります。」

「そんなところで証言したら私の顔がわかってしまうし，恥

新米検事の一言

ずかしいし，後で何をされるかわからないし，いやです。」

　第三者がいる前で，自分が受けた屈辱をありのままに話すことがどれだけ苦痛であるか，十分わかります。ですが，証人としての出頭すら拒否されたら，許されるべきでない犯人を利することになってしまいます。

「お気持ちはお察しします。ですが，私をはじめ，捜査に携わっている者全員が，あなたにこんなひどいことをした犯人を絶対に許すことができないと思い，捜査に全力を挙げているのです。そのため，こうしてあなたにも協力してもらっているのですが，裁判所には行けない，ということになると，ひどいことをした犯人を刑務所に入れることもできなくなり，犯人が笑うだけです。法廷では，あなたが言えることだけでも裁判官に話して下さい。あとは今日聞いた話を裁判官にわかってもらうように私たち検察官が説明しますから。」

　彼女は考え込み，この被害にあったことは最初親にしか話せなかったこと，しばらく経ってからようやく現在交際している男性にも話すことができ，彼は自分のことを守ってくれると約束してくれたことなどを泣きながら話してくれました。私は黙ってうなずきながら聞くしかありませんでした。

「あなたの名誉と身体の安全は，検察官と警察が責任をもって守ります。少しでも気になること，不安なことがあったら，私か警察の刑事に連絡して下さい。裁判所でも無理矢理すべてを話せとは言いません。」そうやって説得するうちに，彼女は納得してくれました。

　それから調書を作成し，読み聞かせて間違いのないことを確認してもらい，署名をもらいました。

検察官の「仕事」ウォッチング

被害者が帰り，ふと時計を見るとすでに5時近い時間でした。
「だいぶかかったな。疲れたね。」Ⅰ君に話しかけます。
「そうですね。」しかし，休んでもいられません。今日中に準備しておかなければならない公判請求する事件が2件あります。コーヒーを1杯飲むと，それらの記録をロッカーから出し，証拠に不備がないか点検しつつ起訴状を起案し，起訴の決裁をする刑事部長や事件を引き継ぐ公判部の検事が，一読して事案の概要や問題点等を把握することのできる引継書も準備します。

机上のパソコンに向かう私に，Ⅰ君が話しかけます。
「でも，今日はまだよかったですよね。取調べは2人だけだったし。」
「そうだね。忙しいときは午前中1人，午後3人なんてこともあるしね。」
「でも，向こうの都合で夜に調べなきゃならないのは一番大変ですよ。」
「そうだけど，こればかりは仕方ないもんなぁ。」

基本的に取調べはこちらの都合でスケジュールを立てて行いますが，どうしても先方の都合が付かないなら，こちらがそれにあわせるしかありません。

「さて，起訴状などの準備もできたし，そろそろ終わりにするか。今日はわりと早く帰れそうだ。」時計を見ると午後8時を回ったところです。明日の呼び出しもⅠ君がしっかりやってくれていたし，大丈夫だな。
「じゃあ，お先に。」
「お疲れさまでした。」Ⅰ君に声をかけて取調室を後にしました。

検察官の「仕事」ウォッチング

　ざっと紹介すると，こんな感じです。ただ，こうやって取調べをする間，あるいは取調べが終わってからの夕方などに，現在持っている事件について，警察の担当者に対して捜査して欲しい事項を指示するために電話をかけたり，あるいはこちらに出向いてもらって詳細な説明を受けたりすることがあったり，私から決裁官に対して事件について説明をして，決裁官の疑問に答え，自分が考えている処理の方針について納得してもらったりするという仕事もあります。時には，裁判官から保釈請求に対する意見について確認の電話があったりもします。この日も私が登庁すると，すでに刑事から電話がかかってきており，午前中の取調べの前に折り返し電話をして補充捜査について指示しました。

　ほとんどの場合，捜査検事は自分の取調室にこもり，警察に電話をかけたり，警察から電話を受けたりして1日が終わります。外出するのは，司法解剖に立ち会うときや，重大事件の現場を確認したいときなどです。刑事物のドラマを見ますと，なんだか知らないけれども検事がしょっちゅう刑事部屋に来たりするようなものもありますが，そういうことはあまりありません。ドラマに登場する検事（検事が主役のものも含めて）は，総じて外出好きですが，それでは仕事になりません。その1件しか事件を担当していないのであればそれでもいいですが，普通，検事は同時並行で数件の事件，それも時間制限のある身柄事件を担当しているのです。

　検事の仕事の醍醐味は，私が他の仕事の経験がほとんどないからかもしれませんが，やはり取調べだと思います。取調べでは取調官の人格と取り調べられる者の人格とがぶつかり合い，

新米検事の一言

あたかも真剣勝負のような雰囲気になります。これまでも被疑者と言葉の応酬をしたり，諭したり，時には自分の罪を悔悟する被疑者と共に泣くこともありました。もちろん，未熟な点をつかれ，騙されることもありました。取調べをすることで，自分自身もいろいろ考えさせられることがありますし，これだから検事という仕事が面白いのだと思います。

5．仕事以外の日常

検事になってからは，これまでと異なり毎日の勤務時間が長くなりました。そのため，平日はただ帰宅して眠るだけという毎日になります。ですが，休日は日直や取調べ等の勤務がない限り，できるだけ外出するようにしています。気分転換にもなりますし，公園にでも行って運動をすれば日頃の運動不足の解消にもなります。わが家にはフェレットというイタチ科の小動物が2匹いるので，これを連れて近所の大きな公園へよく行きます。同じくフェレットを飼っている方がよく来るので，ご一緒させてもらっています。

また，妻がパソコン通信を介して知り合ったフェレット飼育者の集まりに参加したりして，法曹関係者以外の方との付き合いを楽しんでいます。法曹関係者だけの交際しかないと寂しいものです。高校，大学時代の友人や，趣味を通じたつながりは大切にしておくべきだと思います。自分の世界が広がると思いますし，全く法律と関係ない人の素朴な意見がとても参考になったりするものです。

6．新米検事の一言

　最後になりましたが，これから検事になろうと考えているあなたへ私から一言。すでにお話ししましたが，学生であるうちに，好きなことを思いっきりして下さい。それが実際に仕事をするときの大きな糧になります。あれもしたかった，と思っていては受験勉強にも身が入らないと思います。できるならば，語学の勉強はしておくべきでしょう。私もこれは後悔しています。

　検事は素朴な正義感が通用する仕事です。上司を説得できる十分な根拠があるならば，自分の信じるとおりの判断に従って仕事ができます。どんな人でもこの正義感があれば立派な検事になれると思います。私も被害者と共に泣く検察を目指してまだまだ勉強中ですが，一緒に社会に生起する犯罪と戦ってみませんか。

Part 3
検察官になるには

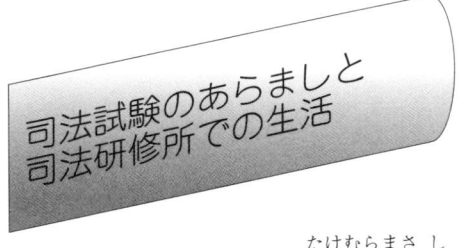

司法試験のあらましと
司法研修所での生活

弁護士　**竹村眞史**
たけむらまさし

検察官になるには

1. 司法試験という関門

◆裁判官，検察官，弁護士になるには

　裁判官，検察官，弁護士――この三者を総称して"法曹"と呼んでいます。

　この"法曹"になるためには，司法試験という関門を通らなければなりません。司法試験は，合格率およそ3％という超難関国家試験，だからこそ，大学在学中の合格者や50歳代の合格者が話題となったり，兄弟同時合格が話題となったりします。最近では女性合格者の割合が増え，世間の耳目を集めています。

　テレビでもかなりの弁護士が登場し，時事問題についてコメントを発したりしており，それなりに身近な存在としてのイメージもあるかと思います。

　この弁護士も"法曹"の一つですから，司法試験に合格しないとなれません(例外もあることはあります)。したがって，司法試験がどういう試験かを理解すること，これが第一歩となります。

◆誰に対しても道は開かれている

　"法曹"への道は，誰に対しても開かれています。男女の別，年齢，学歴も関係ありません。

　現在，"法曹"として各界で活躍している人は約2万5000名。この中には女性の裁判官も検察官も弁護士もいます。また，最

検察官になるには

執筆者紹介

竹村眞史　*Masashi TAKEMURA*

　　　　　高知県出身
　　　　　中央大学法学部法律学科卒業
平成2年　司法試験合格
　　5年　弁護士登録（東京弁護士会）
現在　　　刑事弁護委員
　　　　　刑事弁護委員会副委員長
　　　　　人権擁護委員（平成6〜13年）
　　　　　人権擁護委員会副委員長（平成10年）
　　　　　司法研修所　第53, 55, 56期前期　刑事弁護特別講義担当
専門とする分野：一般民事，刑事

終学歴が高等学校卒業といった人や専門学校卒業という人もいます。大学を卒業した人でも法学部出身とは限りません。政治経済学部卒，商学部卒，理工学部卒，文学部卒の人まで検察官になっています。この本の「Part 1」を書いて戴いた関先生は早稲田大学政治経済学部のご出身です。

　こういったことからもお分かりになるかと思いますが，法学部の延長線上に司法試験があるというわけではないのです。

　法学部入学即司法試験というわけではないこと，これは別の見方からすれば，まさに誰に対しても道は開かれているということを意味します。

◆司法試験の仕組み

　では，司法試験はどういった仕組みになっているのでしょう

司法試験という関門

検察官になるには

か。最近ではロースクールの話も出てきていますが、現行制度について説明しましょう。

現行司法試験は、第1次試験と第2次試験とに分かれています。第1次試験は、いわゆる法曹になるにふさわしい一般的な教養があるかどうかを試す試験で、大学1～2年で履修する一般教養科目（人文・社会・自然科学）について短答式の方法で試験が行われるほか、論文と語学が課されます。

受験資格に制限はなく、毎年約600名前後の人が受け、30名くらいの合格者が発表されています。試験は毎年1月上旬。この試験に合格すれば、以降第1次試験は免除になります。

一方、四年制大学において一般教養科目の単位を履修した人は、この第1次試験が免除になり、第2次試験から受験が可能となります。

一般的に言われている司法試験というのは、この第2次試験のことを意味します。

◆第2次試験について

司法試験の第2次試験には、実は3つの試験があります。第2次試験の受験資格は、第1次試験の合格者か、四年制大学において一般教養科目の単位をとって第1次試験が免除になった人です。

第2次試験の最初の試験は短答式試験。毎年5月の第2日曜日に、憲法・民法・刑法の3科目について各20問、合計60問についてマーク・シート方式で行われます。試験時間は3時間30分。合格点は年度によってばらつきはありますが、7割以上の得点が必要となります（過去3年分について見ると、平成13年度は

46点，平成14年度は41点，平成15年度は47点でした）。

　受験者数は約4万数千名，合格者は6,500名程度。合格率にすると，14％前後とかなり厳しい試験です。

　たかが3科目と侮るなかれ，少なくとも9冊の基本書（いわば司法試験の教科書に当たる本のこと）の外，著名な判例集数冊，参考書類も勉強するので，かなりの勉強量となるのですから。

　この短答式試験に合格すると，今度は論文式試験となります。短答式の3科目に加え，商法，民事訴訟法，刑事訴訟法の計6科目の試験です。毎年7月の中旬ころの2日間で実施されますが，たいていの場合，梅雨明けに当たったりして暑さ対策も重要な課題でした（今はどの試験会場でも冷房が入るのでそれほどでもないと思われますが）。

　この論文式試験は各科目2問，「～について論ぜよ」形式で出題されます。年により事例問題が出題されることもありますが，1問について1600字から1800字くらいの答案を各科目計2時間で作成します。つまり，1日で最低でも9600字は文字を書く試験ですので，物理的な量からしてもかなりのものと言えます。

　科目数が増えることからしても，この試験のための勉強量もまた相当なものとなります。しかし，ここでの勉強は，法曹となったときにも十二分に役に立ちます。

　この論文式試験の合格者数は，平成14年度は1,183名，平成16年度には約1,500名を目処とするとされています（筆者の受験時代は約500名の合格者数でしたから，隔世の感があります。受験科目に教養科目もあったんですよ!?）。

　＊論文試験の合格については，いわゆる「合格枠制」が時限立法的に採用されています。

検察官になるには

　　　この「合格枠制」というのは、論文式試験の合格を決めるに際して合格者の11分の２を受験期間が３年以内の人から選ぶという制度です。他方、残りの11分の９についてはこのような枠はありません。普通の受験ということです。
　　　「合格枠制」は、平成５年度の受験から起算し、平成８年度の試験から適用されていて、平成16年度には廃止されることになっています。

　論文式試験に合格すると、いよいよ最後の口述試験。論文式試験の合格者と前年度の口述試験で失敗した人に対して、論文式試験の６科目のうち、商法を除く５科目について、憲法、民事系（民法・民事訴訟法）、刑事系（刑法・刑事訴訟法）という形式で実施されます（筆者の受験時代は論文式の７科目全部について試験がありました）。

　口述試験は、法曹になるにふさわしい知識があるかどうか、法律の原理・原則を理解し、応用する能力があるかどうかなどを、２人の試験官から質問されます。

　この口述試験では、毎年数十名の人が落ちます。この人たちには、次年度に限り、短答式・論文式試験が免除され、もう一度口述試験を受けるチャンスが与えられています。

　90％近くが合格するとはいえ、この数十名の中に入る可能性もあるわけですから、決して侮れません。実際、２年連続して口述試験に落ちてしまったというケースもあるのです。

　４万数千名いた受験生も、最後の口述試験に合格して、晴れて法曹資格者（正確には、その前提資格者というべきでしょうか）として認められるのはわずかに1,200名前後。先述のように平成16年度にはさらに増えて1,500名程度になるとは言え、合格率は

約3％前後というのはまさに日本一難しい試験かも知れません。

○司法試験第二次試験出願者数・合格者数等の推移

年度＼区分	出願者数	受験者数	短答式合格者数	論文式合格者数	最終合格者数
平成元年	23,202	21,308	4,020	523	506(71)
2	22,900	20,975	3,814	506	499(74)
3	22,596	20,609	4,576	616	605(83)
4	23,435	21,431	4,603	634	630(125)
5	20,848	17,714	4,557	759	712(144)
6	22,554	19,408	4,941	759	740(157)
7	24,488	21,272	4,854	753	738(146)
8	25,454	21,921	5,239	768	734(172)
9	27,112	23,592	5,681	763	746(207)
10	30,568	26,759	6,140	854	812(203)
11	33,983	29,890	5,717	1,038	1,000(287)
12	36,203	31,729	6,125	1,025	994(270)
13	38,930	34,117	6,764	1,024	990(223)
14	45,622	41,459	6,457	1,244	1,183(277)
15	50,166	45,529	6,986	—	—

(注) 出願者数は，筆記試験免除者，行政科合格者を含む。
　　受験者数は，短答式試験受験者（欠席者を除く），行政科合格者（欠席者を除く），筆記試験免除者で口述試験のみ受験者（口述試験受験者のうち，口述単願者及び筆記試験併願者で短答式試験を欠席した者）とする。
　　（　）内は，女性を示し内数である。

司法試験という関門

検察官になるには

2. 試験に挑戦する人たち

◆受験生の生活

　日本で最も難しい試験の一つとされる司法試験に合格するためには，やはり相当の勉強をしなければなりません。そして，その勉強時間を確保するのに，ある程度，自分の生活を犠牲にする必要はあります。

　勉強期間5年（最近の合格平均年齢から大学卒業年齢である22歳を差し引くとこれくらいが標準的勉強期間と思われます），1日8時間。これは最近の司法試験合格者の平均的な数字です。これだけの勉強時間を確保するとなると，受験中心の勉強にならざるを得ないということは，お分かりになると思います。

　ただ，それだけで生活をしきれるかというといかがでしょうか。人間はいわば煩悩の固まりです（筆者もその典型でした）。その煩悩をいかに制御し勉強時間を確保するかが課題としてのしかかってくる。それが受験生の生活です。特に親のスネをかじりながらの勉強となるとなおさらです。

　しかし，時間配分をうまくして乗り切ってしまう人もいます。そこは人それぞれでしょうが，合格者に共通しているのは合格するんだという強い意思です。心構えとして参考にしてください。

　加えて，それなりの費用もかかります。基本書代，判例集代，参考書代の外，予備校に行くのであればその授業料もかかりま

す。

　独り暮らしの人となると生活費もかかってきますので，勉強期間が5年として計算すると，経済的裏付けはある程度必要であることも分かります。ご家庭をお持ちの方となるとさらに大変だと思いますが，そういう方こそ合格していただきたいとは思うものの，経済的問題はなかなか悩ましい問題です。

◆司法試験と名門校

　大学受験に名門校があるように，司法試験にも名門校と呼ばれる大学があります。東京大学，早稲田大学，慶應義塾大学，京都大学，中央大学などがそれで，上位5校だけで合格者は600名を越えます(平成11〜14年)。名門校には司法試験合格者を多数輩出しているゼミナールもありますので，そのゼミナールに入ることができれば，合格に一歩近づいたとも言えましょう。

○最近5ヵ年の司法試験主要大学別合格者数

大学名＼年度	平成14年	平成13年	平成12年	平成11年	平成10年
東京大学	246	206	198	229	213
早稲田大学	185	187	140	139	117
慶應義塾大学	110	100	116	95	91
京都大学	110	90	108	112	73
中央大学	104	76	102	92	68
一橋大学	45	36	41	46	31
大阪大学	29	34	29	28	20
上智大学	28	19	17	26	18
明治大学	26	27	17	21	17
同志社大学	26	17	31	25	26

検察官になるには

北海道大学	23	11	8	3	3
神戸大学	20	13	15	14	14
立命館大学	17	12	13	12	6
東北大学	15	13	18	12	19
日本大学	15	11	5	13	4
名古屋大学	15	11	17	8	11
九州大学	15	12	14	12	14
関西大学	12	4	4	10	6
関西学院大学	12	4	4	10	6
立教大学	11	4	10	4	6
その他	119	103	87	89	49
合計	1,183	990	994	1000	812

　ただ，名門校に入学したからすぐ合格できるかと言えば，必ずしもそうではないようです。現に，名門校以外の合格者も半数近くいるわけですし，法学部以外の出身者の占める割合も増えてきています。まさに開かれた試験なのです。

　ただ，言えることは，合格者のほとんどは，合格のために「努力」しているということです。「努力」なくして合格なし。これを座右の銘として頑張っていただきたいと思います。

　道はすべての人に開かれています。

◆**女性の合格者**

　冒頭で女性の"法曹"の話をしましたが，最近の司法試験の合格者に女性の占める割合は年々増加傾向にあります。過去5年間のデータを見ても，着実に増加しています。平成14年度では全合格者1,183名中277名と約4分の1を占めるまでになりました。日本の人口の約半数が女性であることからすれば，まだま

だ少ないとも言えましょうが，いずれは一つの法廷の中は全て女性"法曹"という光景が見られるようになるかも知れません。しかも違和感なく。

3. いま，どう学ぶべきか

◆高校生のみなさんへ

　読者のなかには，高校生のみなさんもいるかと思います。高校在学中に法曹を目指そうという人はどのような勉強をすべきでしょうか。

　最近では，大学受験に限らず(幼稚園受験についてもあるというので驚きですが)，予備校の勉強がクローズアップされているように思われます。これは，大学の法学部における教育が司法試験とはかけ離れていることのあらわれかも知れません(筆者はそこまでは思いませんが，伝えることの難しさというのは実務上でも感じます)。

　できるだけ早期の合格ということを考えると，高校生のうちから司法試験の予備校に通い，基本書を読んでいくということも一つの方策のようにも思えます。しかし，法曹とて一人の社会人であることを想起してください。まず，常識的な社会人であること，これが大事です。ということは，何も焦って高校生のうちに基本書に手を出す必要はないということです。高校での勉強をしっかりしていただければよいと思います。

> 検察官になるには

◆大学生のみなさんへ

　大学の1,2年生のみなさんは，先述の第1次試験の免除ということが気にかかると思います。ところで，大学の文科系のみなさんは，大学の授業時間以外については，それなりに時間的余裕があるようになると思います。大学受験自体，かなりハードな試験ですので，大学入学後はエアポケットに入り込んだような状態になってしまうのも無理なかろうかと思います。

　ですが，これはもったいないということにも気付いてください。時間的余裕があるということは，いろいろと学ぶ機会があるということです。せっかくですので，その余裕を使って幅広く勉強してはいかがでしょうか。筆者はそれほど勉強はしていなかったのですが，個人的には司法試験を目指すという目標があって，それなりに（あくまでも「それなりに」ですが）勉強し，他方でスポーツも楽しんでいました（これが合格を遅らせた原因の一つという人もいましたが，評価は人それぞれではと思っています）。大学1,2年というと，いわば社会人としての基礎となる教養を身につけることができるよい機会です。そういう意識できちんと勉強しておくとよいでしょう。法律はあくまでも「人」を規律するものですので，「人」がどういうものかについて，例えば文学，歴史，思想，宗教といったものを通して幅広い考察ができるように基礎造りをしておきたいものです。

　また，余裕のある方は法律の勉強も開始して法律的思考方法になじむようにするとよいでしょう。

　現実問題としては，大学での法律学の講義が始まるころから司法試験を意識すればよいと思います。そういった意味では，受験参考書，指導書を見て司法試験に対する具体的イメージを

もつのも一方策でしょう。筆者は，よく合格体験記をたくさん読めという指導もしています。自分と同じタイプの人の勉強方法を(失敗例は反面教師として)真似ること，これが早期合格につながるからです。法学書院からも毎年合格体験記が出ます。参考にするとよいでしょう。

▲司法試験のための受験指導誌

▲司法試験の合格体験記集

いま，どう学ぶべきか

検察官になるには

4. 司法研修所での生活

◆司法試験合格，そして司法研修所へ

　毎年11月中旬に法務省からその年の司法試験最終合格者が発表されますが，その瞬間，胴上げがあったり，抱き合う夫婦もしくは恋人たち，泣いて喜ぶ人など，いくつかのドラマがくりひろげられます。

　5月初旬から始まり，約半年間にわたる試験を終え，合格証を手にした人々は，翌年4月から1年6カ月の間（近々，修習期間が1年4カ月になる予定です），最高裁判所の直轄機関である司法研修所に司法修習生として入所し，法律実務の勉強をします。筆者のころは，修習期間は2年で場所も湯島でしたが，現在は，6カ月短縮され，しかも，和光での修習で，かなり密な修習となっているようです。

　司法試験に合格したからと言っても，そのままでは実務界では通用しませんので，法律実務について勉強するわけです。これが楽しくもあり，苦しくもあり（？）です。司法修習で学ぶことは実は受験時代より多いのではないでしょうか。生の実務にも触れることができ（実務修習），事件解決に向けて必要なことは何か，「人」の関係を法律で律することはどういうことかを実感できることを考えると，文字通り勉強の宝庫と言えましょう。

　この司法研修所を卒業しないかぎり，"法曹"，すなわち，裁判官，検察官，弁護士になることはできません。

検察官になるには

▲埼玉県和光市にある司法研修所
（「司法の窓」94.5より転載）

◆ 5万㎡の殿堂

　先ほども触れましたが，司法研修所は豊かな緑と公園に囲まれた埼玉県和光市にあります。

　敷地面積6万5千m^2，建物面積5万m^2のまさに殿堂と呼ぶにふさわしい建物が現在の研修所で，その中には，研修のための教室の外，図書館，講堂，体育館，寮が完備され，教室にはOHP，ビデオプロジェクター，スクリーン，ビデオデッキ等のAVシステムが取り入れられており，分かりやすくビジュアルな講義が可能になっています。

　この研修所への入所は合格の年に入所しなければならないというわけではありません。大学3年在学中に合格した人は1年延ばして大学を卒業してからでもいいですし，大学を卒業していてもさらに大学院に進み，博士課程を経てから入所というこ

とも可能です。現に筆者の同期には前年度の合格でしたが、1年間日本中をまわっていた人がいました。また、同年合格者の中にも大学卒業まで1年間入所を遅らせた人もいました(筆者からみるとうらやましい限りですが)。

研修所へ入所するには合格後12月に行われる「司法修習生採用試験」を受けて入所します。ほとんどの合格者が合格の年に入所しますが、この試験はペーパーテストではなく、口述試験と1年6カ月間の研修生活に耐えられるかどうかをみる健康診断が行われます。

例外的に、禁錮以上の刑に処せられた人、禁治産者または準禁治産者、破産者で復権を得ない人、健康上1年6カ月間の研修生活に耐えられない人などは採用されません。司法修習生が公務員としての身分となること、修習の目的を考えると当然のことではありますが。

◆修習生の生活

司法試験に合格してから約5カ月後の春4月に司法研修所に入所し、1年6カ月の研修に入ります。

この研修は〈研修所での前期修習〉〈全国各地の地方裁判所・地方検察庁・弁護士会に配属されての実務修習〉〈研修所での後期修習〉という形でなされます。

研修所での前期修習では、実際の事件記録に基づいて判決、起訴状、訴状といった各種文書の仕組みや文書作成の技術を学びます。これは実務家となるための基礎作法の訓練といってもよいでしょう。

これら実務修習のための基礎知識を身につけた司法修習生た

ちは，次の段階として，北海道から沖縄まで全国各地の裁判所や検察庁，弁護士会に散って，今度は文字通り生きた事件に接することによって法律実務を体験することになります。

現在，弁護士として活躍しておられる篠田憲明先生（第54期司法修習生）が，実務修習（検察・裁判修習）の体験を寄せてくださいました。

検察・裁判修習

篠田　憲明

1．はじめに

司法修習生は司法研修所での前期修習（4月始めから6月末）において，実務家になるための基礎を学んだ後，それぞれ各地方（47都道府県）に分かれて実務修習に入ります。

私は，東京地方裁判所という全国一の大規模庁に配属されました。

実務修習は1年間で，弁護修習，民事裁判修習，刑事裁判修習，検察修習の各修習を3カ月ずつ行います。

以下においては，読者の皆さんにとって具体的なイメージが浮かびやすいように，私が実務修習中に体験したことをできるだけ紹介します。

2．検察修習について

検察修習には大きく分けて捜査と公判の修習があります。

(1) 捜　査

検察官になるには

　捜査では、被疑者や参考人の取調べ・供述調書作成、起訴や不起訴の決定が主な修習内容となります。

　捜査修習はまず、警察から送られてきた資料を読むことから始まります。その資料を読んで事案の概要を把握します。

　時に、警察が「窃盗」で送ってきた事件が事案をよく考えると「横領」であったりします。このように法律構成自体を検討したり、送検されてきた罪名を認定するために必要な証拠を検討し、その上で被疑者や参考人に質問を行い、新たな証拠を収集したりします。

　このような作業を通じて、自分のもとに送られてきた資料を鵜呑みにせず、自らの頭で考え行動していくことの重要性を痛感しました。

　一通りの捜査を終え、処分の判断を検討すると、検事の決裁を仰ぎに行きます。

　その場で検事の厳しい質問攻めに遭い、自分が気付いた点がいかに足りなかったかということ、そして「徹底的に聞くこと」「疑問を疑問のまま残さないこと」「疑問に思ったら熟考の上で即行動し後回しにしないこと」などを学びました。

(2) 公　判

　公判では、証拠の整理、冒頭陳述書や論告の作成が主な修習内容になります。

　公判修習はまず、捜査段階で作成された証拠を起訴状記

載の公訴事実をもとに仕分けをします。次に証拠整理が終わると、証拠等関係カードというものを作成します。その後、冒頭陳述書と論告を起案します。

証拠整理は、公訴事実の立証に必要十分且つ最良の証拠を選ぶ作業です。ただ闇雲に証拠を分けるわけではありません。この過程で、事実の立証のために真に必要な証拠は何なのかということを学びます。また、証拠整理をしている際に、証拠の弱い部分を発見し、捜査における供述のとり方について考えさせられることもあります。

証拠等関係カードの作成過程では、証拠による立証趣旨を考え、「一言で言えば何を証明したいのか」という立証の基礎に立ち返って考えることとなります。

冒頭陳述では、裁判官に被告人の身上・経歴、犯行状況などを端的に伝えます。限られた時間の中でいかにして裁判官に見ず知らずの人間の人となりを伝えるのか、文章力を始めとする様々な事柄を学びます。

論告では、被告人の犯罪の重大性や情状などを裁判官や被告人自身に伝え、最後に求刑を行います。

公判修習では、このようにして自らが担当した事件について、実際に法廷に行き、検事の隣に座り、当事者の目線に立ちながら裁判を傍聴することができます。

(3) その他

検察修習中、科学捜査研究所の見学（ピストルの実射を間近で見学したり、薬物鑑定の手法等の講義を受けました）、東京

検察官になるには

地検各部の部長・副部長の講話(特捜部の仕事についての説明等を受けました),行政解剖の見学(ガラス越しに,解剖の様子を見学しました),入国管理センターの見学(収容施設を見学しました),スリ検挙の同行および見学(ひたすら歩き回りました),更生保護施設の訪問(施設内の見学や,処遇の実態についての説明を受けたりしました),警視庁のパトカーへの同乗および警邏への同行(パトカーの後部座席に乗せていただきましたが,端から見れば捕まっている人間に見えたかもしれません),府中刑務所の見学(刑務所で実際に出されている昼食をいただきましたが,意外なほど美味でした)などの変わった経験もしました。

3．刑事裁判修習
(1) 起　案

刑事裁判の起案では,否認事件および合議事件を最低各1件,その他主に量刑について検討をする単独事件を複数件担当します。

もっぱら量刑にのみ関心が注がれている自白事件においては,量刑とその理由をいかにして決定し,またそれを被告人に説得的に説明できる内容を起案できるか,否認事件については,被告人が行っている弁解についてそれが的を得たものかどうかを一つひとつ丁寧に検討していきます(もちろん,大前提として,検察官が提出した証拠で公訴事実が立証できているのか,を検討することが必要です)。

また、合議事件では、修習生が合議メモを作成し、3人の裁判官に対して自らの考えを述べ、裁判官からの質問に答え、問題点を発見・解明していきます。この合議は、弁護修習や検察修習では経験することができないものであり、法律実務家がそれぞれの意見を真剣に戦わせる現場を体験する貴重な場です。

(2) 裁判傍聴

　裁判傍聴では、修習生が起案を行う事件の公判を傍聴したり、著名な事件を傍聴したりし（私はオウム事件の公判に立ち会いました）、刑事手続の流れや裁判長の訴訟指揮について学びます。

(3) 令　状

　その他裁判に関することとして、令状部において勾留や保釈の面接に立ち会いました。

　この修習では、令状部の裁判官から、勾留や保釈を認めるべきか、一件資料を踏まえた上での根拠をつけた意見を求められ、身柄拘束という重大な局面におけるギリギリの判断を行うことの緊張感を味わうことができました。

(4) 模擬裁判

　刑事裁判修習中の模擬裁判では、修習生が検察官役、弁護人役、裁判官役にそれぞれ分かれ、一つの事例を通して起訴状の作成から判決に至るまで刑事手続の一連の流れを学ぶことになります。

　模擬裁判は東京地方裁判所の実際の法廷で行われ、刑事

検察官になるには

部の各部長が傍聴または講評に来るなど，非常に緊張感のある修習となります。

(5) その他

その他，指導担当裁判官主催による問題研究や，東京少年鑑別所の見学（少年審判と処遇の流れについての説明を受けました），少年院の見学（少年とバレーボールを一緒にしたり，少年の早朝訓練に参加したりしました），ＤＮＡ鑑定研究所の見学（ＤＮＡ鑑定捜査実技研修等をしました），コンピューター工場の見学などの裁判外修習も非常に充実しています。

4．民事裁判修習

(1) 起　案

民事裁判修習においては，損害賠償請求事件，土地明渡請求事件，離婚請求事件，婚姻無効確認請求事件など，数々の種類の事件について，判決全文の起案を行います。

(2) 裁判傍聴

民事裁判においては，刑事裁判ほど厳格かつ詳細に法律によって手続の進行が定められているわけではありません。

裁判官や当事者の意図によって手続の進め方について様々なバリエーションが考えられる中で，当事者または裁判官がどのような考えのもとで，どのような訴訟進行を目指しているかということを裁判傍聴を通して学びます。

(3) 特殊事件

東京地方裁判所に配属されると，民事裁判修習中に保全

部や執行部などの特別部での修習が経験できます。

執行部修習では、不動産現況調査の立会いを経験しました。その際に、債務者が執行官補助者に暴行を加えるという現場に遭遇し、警察署で公務執行妨害事件の目撃者として事情聴取されるという得がたい経験をしました。

また、配属された修習部で医療事件の証拠保全手続を扱う機会があり、病院へ裁判官および書記官と共に赴き、証拠保全手続の流れと方法を学びました。

(4) 模擬和解

建物明渡請求事件を題材に模擬和解手続を行いました。

裁判官役となった私は、当事者に相手方の意見をどこまで明らかにしてよいのか、どのようにすれば和解をまとめることができるのか、裁判官としての悩みの一端を感じることができました。

(5) その他

社会修習では、静岡県の地震防災センターを見学し、東海地震を念頭においた地震対策の講義を受けたり、地震被害体験などを行いました。

また、その他の社会修習として、破産部において書記官事務の実習、知的財産部修習、特許庁見学なども行いました。

5．家庭裁判所修習

(1) 少年事件

検察官になるには

刑事裁判修習中に家庭裁判所で1週間，少年事件の修習を行います。

この修習では，裁判官による少年審判手続の講義および調査官による少年調査実務の講義を受けた後に，付添人と裁判官の面接に立ち会い，議論の様子を見たり，少年審判を傍聴したり，裁判官・調査官・書記官によるカンファレンスに立ち会ったりといったことを通じて，少年審判の一連の流れを学びました。

(2) 家事事件

民事裁判修習中に家庭裁判所において10日間，家事事件の修習を行います。

書記官による講義や面接，家事調停への同席などを経験しました。

家事調停では，離婚や養育費に関する調停が1日に何件もあり，独身の修習生の大半の意見として，「家事事件修習を経験すると，結婚をすることが怖くなる。」という声がよく聞かれます。

6．雑　感

検察修習では，実際に自ら被疑者や参考人から話を聞き，また，公判修習において当事者と同じ目線で裁判に立ち会うという経験ができ，他の修習では味わえない緊張感や思考を経験することができます。他の実務修習では，当事者と一対一で話をしたり，自ら決定的な判断をしたりすると

いうことはなかなかできないので、これは貴重な経験と言えます。

　裁判修習では、数多くの事件記録を読み、毎日数件の裁判を傍聴することができるので、様々な弁護士の主張・立証方法や法廷技術、裁判官の訴訟指揮を色々な角度から考えることができます。しかし、裁判修習では、法廷で修習生が話すことは一切できず、裁判官のものの見方や考え方の一端を経験できるといってもその内容はどうしても薄くならざるを得ません。

　そういった観点から考えると、「人」との関わりを楽しめる修習生には検察修習が、「観察」「分析」を楽しめる修習生には裁判修習がそれぞれ肌に合うといえるでしょう。

（しのだ・のりあき　大阪府出身・東京大学法学部卒業・国内企業法務を主な業務とする都内の法律事務所勤務）

◆修習生の身分

　先ほども触れましたが、司法修習生には国家公務員法が適用されます。つまり、その身分は"公務員"となるのです。したがって、研修期間中は、法律で定められた給与が国から支給されます。もちろん、扶養手当、調整手当、通勤手当だけでなく、勤勉手当、寒冷地手当、住宅手当といった各種手当が支給されるほか、ボーナスも夏冬の2回支給されます。

　給与の額としては、国家公務員Ⅰ種試験に合格して各官庁に採用された人たちとほぼ同じくらいか、やや上といったところ

検察官になるには

と言われています。

◆ "法曹"になるための最後の試験

　1年6カ月の修習の総決算として卒業試験があります。いわゆる"2回試験"といわれているもので，この試験に合格して初めて裁判官・検察官・弁護士となることが可能となります。

　試験の内容は，裁判・検察・弁護の実務ならびに一般教養科目。ほとんどの修習生はこの試験をクリアーしていますが，中には落第する人も若干いるようです。最近では，刑事弁護で落第した人がそれなりにいたとも言われていますが，刑事弁護は人権擁護の最後の砦とも言われていますので，ちょっと信じがたい話です。

　こうやって見てくると，"法曹"として巣立つまでには何回もの試験を乗り越えていく必要があることが分かると思います。

◆ "法曹"として巣立つ

　"2回試験"に合格し，最高裁判所から卒業証書が渡されて初めて"法曹"としての第一歩を踏みだすことができます。

　裁判官になりたい人は最高裁判所の人事課に，検察官を希望する人は法務省の人事課に任官希望を申し出て採用選考にパスすれば，裁判官，検察官として任官することができます。弁護士になろうという人は，自分が仕事をしようとする地域を管轄する弁護士会に入会の届を提出して登録を済ませばその日から弁護士として活動できます。そこが裁判官や検察官と違うところですが，換言すれば，いきなりそれだけの責任を負う立場になるわけです。一生懸命修習した方がよいというのはこのこと

司法研修所での生活

検察官になるには

からも分かりますね。

　裁判官・検察官は公務員ですから、転勤も定年もあります。最高裁判所と簡易裁判所の裁判官は70歳が、その他の裁判官は65歳、検察官は63歳が定年とされていますが、定年になったからと言って資格がなくなるわけではなく、他方、弁護士には定年はありません。その関係もあって、裁判官・検察官の定年後に弁護士登録をされて弁護士として活躍されている方も大勢いますし、定年前に退官して弁護士登録をされる方もいます。

　弁護士登録をする多くの司法修習生たちは、まず先輩の弁護士事務所に入って、事件処理の全てに関して勉強します。こういう人たちをイソ弁（居候弁護士の略称）と言いますが、所長弁護士のことをボス弁と呼んだりもします。待遇面は経費負担の有無等、事務所によって違いますが、自分のやりたい分野、仕事を考え、それを踏まえて待遇面についても考慮するとよいでしょう。

▲模擬法廷教室
（「司法の窓」94.5より転載）

司法研修所での生活

検察官になるには

〈法曹になるまでの道のり――現行司法試験〉

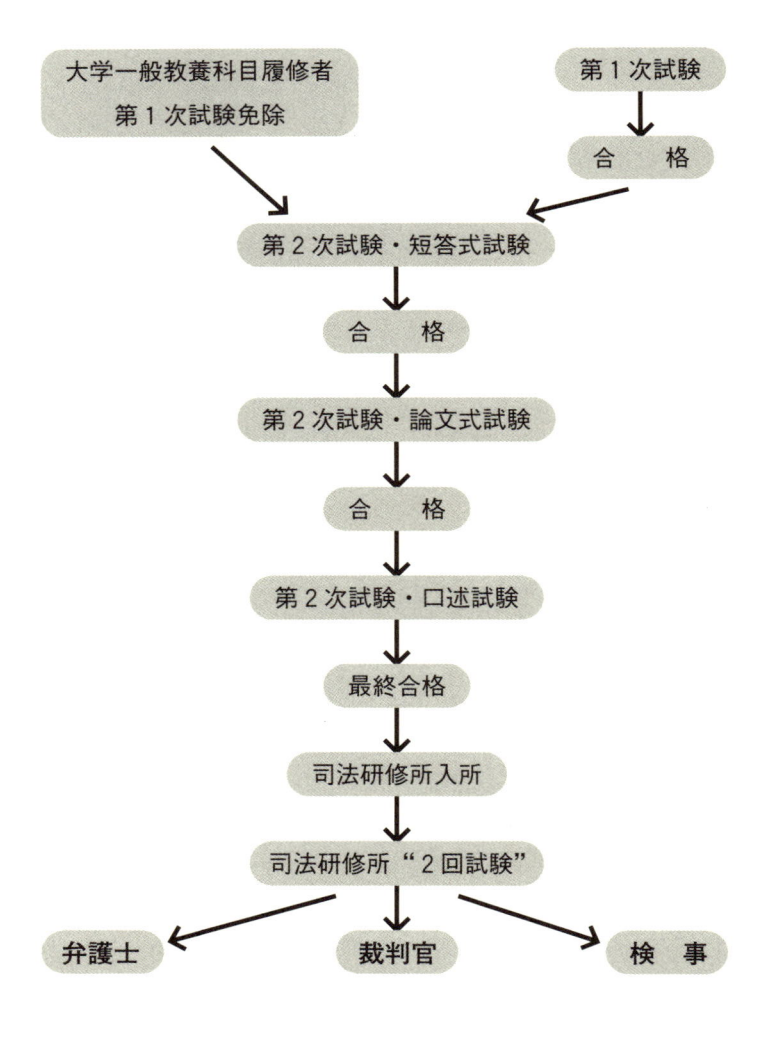

```
大学一般教養科目履修者              第1次試験
第1次試験免除                         ↓
       ↓                           合　格
       ↓          ←←←←←←←←←←←←↙
   第2次試験・短答式試験
           ↓
         合　格
           ↓
   第2次試験・論文式試験
           ↓
         合　格
           ↓
   第2次試験・口述試験
           ↓
         最終合格
           ↓
        司法研修所入所
           ↓
      司法研修所"2回試験"
       ↙     ↓     ↘
    弁護士  裁判官   検　事
```

5. ロースクール

◆ロースクール概論

ここでは、2004年4月からスタートすることが決まっている法科大学院、ロースクールについて説明しましょう。

このロースクールは、今般の司法制度改革の一つとして法曹人口の増大を実現する視点から、そして大学改革の視点から現実化しました。

これからは、司法試験を受けるには、原則としてロースクールを卒業する必要があります（移行期に伴う経過措置もあります）。そして、ロースクールに入学するには大学を卒業することが原則とされ、法学部卒業生については2年間、他学部の卒業生については3年間のコースが予定されています。ロースクールの卒業生に司法試験の受験資格が認められることになるのが特色です。

◆ロースクールとは

さて、ロースクールについてもう少し詳しく話しましょう。

今般、スタートするロースクールは、"法曹"を養成するために作られる新しいタイプの大学院と考えると分かりやすいでしょう。今までの大学院と違うところは、修士課程、博士課程といった研究者養成を目的としているのではなく、将来"法曹"となることをふまえた専門職学位課程の大学院という点です。

> 検察官になるには

そしてこのロースクールを卒業することが受験資格となります（原則）。加えて，今までは何回も受験が可能でしたが，5年以内，3回までという回数制限が加えられます。これだけ聞くとえらく合格が難しくなるようにも思えますが，合格率で7～8割，2010年ごろには合格者3,000人を目処にするとされていますので，現行司法試験とはかなりイメージが変わると思います。

ロースクールを卒業するには，法学部出身者は最短で2年，他学部出身者は3年（法学部出身者でも3年とすることも可）という制度となっていますが，この2年制でも63単位以上，3年制では93単位以上を取得する必要があるとされていますので，勉強量としてはかなりなものになるのではないでしょうか。

◆ロースクールに入るには

ロースクールに入学するには，適性試験，法律科目試験（2年制志望者だけ），各大学院独自の試験等を経る必要があります。

このうち，適性試験については，平成15年度は，文部科学省管轄の独立行政法人　大学入試センターが実施するもの（出願期間　7月1日～7日・試験日　8月31日・第1部：推論・分析力問題　13時30分～15時，第2部：読解・表現力問題　15時50分～17時20分　いずれも多肢選択，マーク方式・受験料　10,000円），財団法人日弁連法務研究財団が実施するもの（出願期間　5月7日～6月27日（28日消印有効）・試験日　8月3日・第1部：論理的判断力を試す問題　40分，第2部：分析判断力を試す問題　40分，第3部：長文読解力を試す問題　40分，第4部：表現力を試す問題　40分，13時～16時25分（休憩時間を含む）　第1部から第3部までは多肢択一，マークシート方式・第4部は論述形式。受験料　10,500円）があり，

予想される法科大学院入試日程

5月7日～6月27日	日弁連法務研究財団統一適性試験出願期間
7月1日～7日	大学入試センター適性試験出願期間
8月3日	日弁連法務研究財団統一適性試験
8月31日	大学入試センター適性試験
9月3日	日弁連法務研究財団統一適性試験結果発送
9月下旬	大学入試センター適性試験成績カード交付
11月下旬	文部科学省法科大学院認可 入試要項発送
12月初旬～中下旬	出願期間
12月中下旬～1月中旬	第1次選抜（書類審査）
1月下旬～2月上旬	第2次選抜（面接など）
2月中旬～下旬	合格発表
3月ごろ？	（大学によっては追加選抜も）
4月上旬	法科大学院入学式

各大学院で指示される適性試験の成績を各大学院の入試に当たって提出することとされています。各大学院独自の試験については，翌年の2月～3月に実施されると思われますが，その形態は直前まで決まらないのではないかと思われます。

なお，このロースクールで何人を募集するかは各大学任せの面があるのですが，50人の少人数教育が前提となっていることもあって，最大で300人といったところとなっています。ただ，この入学人数に関しては，「公平性，開放性，多様性」を基本理念に，社会人や他学部出身者にも門戸を開くという観点から，これらの人たちを3割以上入学させる方針がとられています（た

だし，通信制はありません)。

気になる授業料についてですが，ロースクール開設予定の私立大学の3割以上が年200万円以上の授業料を予定しているとのことですので，かなり費用面での負担が大きいのではと思います。参考にしてください。

なお，各大学院のホームページ等に随時，ロースクールに関する情報や説明会等が掲載されるとのことですので，参考にして下さい。

◆司法試験はどうなるのか

では，このロースクールができることによって司法試験はどうなるのか，みなさんも気になると思います。

まず，現行の司法試験ですが，先述のように移行期に伴う経過措置として平成23年度までは実施することが決まっています（ただし，平成23年度は平成22年度の第2次試験筆記試験（論文式）に合格した者に対する口述試験のみ実施）。他方，ロースクールが平成16年から開校されることに伴って新司法試験が平成18年度から実施されることも決まっています。

◆新司法試験とは

新司法試験では，先述のように合格率が7～8割，ロースクール修了者の7～8割が合格できるようにと想定されています。それだけ充実した教育が期待されているわけです。ただ，かなりの数のロースクールが開設されることになっていますので，この数字はもっと厳しいものになると思います。

この新司法試験では口述試験は廃止されます。その一方で行

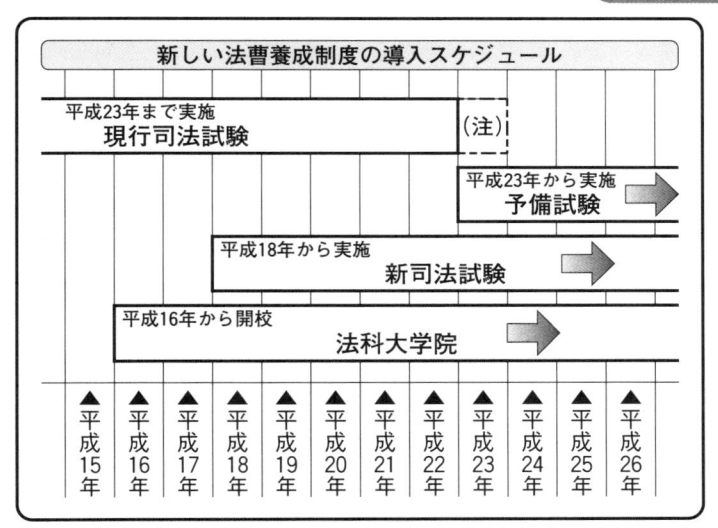

新しい法曹養成制度の導入スケジュール

- 平成23年まで実施 **現行司法試験**
- (注)
- 平成23年から実施 **予備試験**
- 平成18年から実施 **新司法試験**
- 平成16年から開校 **法科大学院**

▲平成15年 ▲平成16年 ▲平成17年 ▲平成18年 ▲平成19年 ▲平成20年 ▲平成21年 ▲平成22年 ▲平成23年 ▲平成24年 ▲平成25年 ▲平成26年

(注) 平成23年の現行司法試験は，平成22年の第二次試験筆記試験に合格した者に対する口述試験に限り実施します。

政法が加わります（筆者の受験時代は，行政法は法律選択科目でしたので，より強烈な復活といったイメージがあります）。

　試験自体は，短答式，論文式の２種類が実施され，必修科目として，公法系（憲法，行政法），民事系（民法，商法，民事訴訟法），刑事系（刑法，刑事訴訟法）の３科目が指定されています。論文式につきましては，これら必修科目の外に，知的財産法，倒産法，労働法などの選択科目が１科目設けられる予定です。実務的な観点からするといずれも必要な法的知識を問うことになって，より実践的な試験になるとの印象ですね。

　ところで，新司法試験になった場合，必ずロースクールを卒業していなければならないかというと，そうではありません。

検察官になるには

例外があるのです。その例外とは，平成23年度から実施予定の予備試験です。これはロースクール卒業生と同等の学識およびその応用能力ならびに法律に関する実務の基礎的素養を有するか否かを判定することを目的に実施される試験で，短答式，論文式および口述式によって行われることになっています。

短答式は，憲法，行政法，民法，商法，民事訴訟法，刑法，刑事訴訟法および一般教養科目について実施され，論文式はそれに加えて法律実務基礎科目について実施，口述式は論文式合格者に対して，法律実務基礎科目について実施されることになっています。

◆受験回数制限について

最後に最もみなさんが気になるであろう受験回数の制限について簡単に説明しましょう。

まず，現行の司法試験だけを受験するというのであれば，現状どおり何回でも受験が可能です(換言すれば，現在の受験生は現行制度内で受かるよう頑張れということです)。

それから，新司法試験と現行司法試験が併存している間については，この2つの試験をかけもち受験することはできないとされています。どちらか一方のみしか受験できないということです。

さて，先ほど5年以内，3回までという回数制限のお話をしましたが，それはこういうことです。

すなわち，ロースクール修了か予備試験合格から5年に3回まで新司法試験の受験が可能です。ところが，ロースクール在学中や修了後に現行司法試験を受験した場合も，修了前2年以

ロースクール

内の受験は回数制限にカウントされてしまいます。ただし，当初の受験資格に基づく最初の5年の受験期間を経過し，かつ，最後の新司法試験受験から2年を経過すると（5年に3回までですが）再受験できるようになります。こういった制限があるので，受験の際の参考にしていただければと思います。

◆**最後に**

ロースクールは，平成15年3月現在，全国の国公立・私立大学合計で開設予定も含め95大学が名乗りをあげていると言われています。どのロースクールを選ぶのが最良かという時代がやがてくるかも知れません。

しかし，そのような時代になっても，読者のみなさんには，自分がなぜ弁護士になろうと思ったのかをいま一度考えてほしいと思います。その動機付けこそが早期合格へのエネルギーとなるはずですから。そして，是非とも頑張り抜いて合格してください。道は自ら努力する者に対しては開けてくるものですから。

検察官になるには

〈法曹になるまでの道のり──ロースクール制度〉

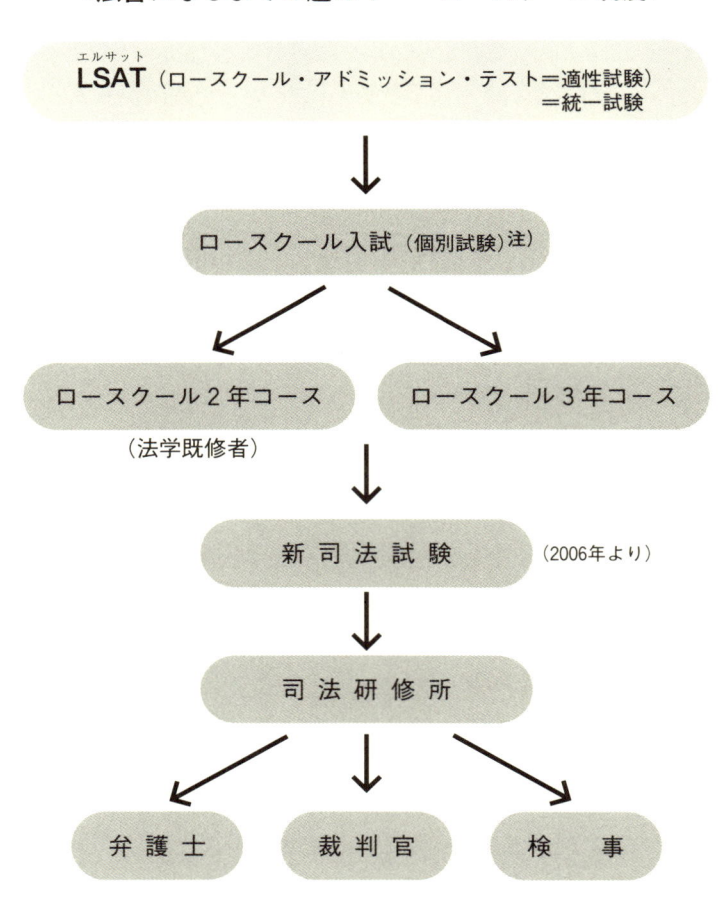

```
LSAT（ロースクール・アドミッション・テスト＝適性試験）
 エルサット                  ＝統一試験
        ↓
   ロースクール入試（個別試験）注）
     ↙        ↘
ロースクール2年コース   ロースクール3年コース
  （法学既修者）
        ↓
   新司法試験   （2006年より）
        ↓
    司法研修所
   ↙    ↓    ↘
 弁護士  裁判官   検 事
```

注) 各大学院によって2年コース・3年コースの取り扱い方が異なるとの情報です（平成15年5月31日現在）。

ロースクール

検察官の仕事がわかる本〔改訂版〕

1998年4月20日　初版第1刷発行　（定価はカバーに表示してあります。）
2003年7月1日　改訂版第1刷発行

編　者　　受験新報編集部
発行者　　北　原　曉　彦
発行所　　株式会社　法　学　書　院
〒112-0015　東京都文京区目白台1-8-3
電　話　(03)3943-1721（代表）
　　　　(03)3943-1221（編集）
FAX　(03)3943-2030
振　替　00160-3-81699
http：//www.hougakushoin.co.jp

製版：株式会社メディット．／印刷：泰明印刷有限会社／製本：山崎製本所

Ⓒ　1998　Printed in Japan
★乱丁・落丁本は本社にお送りください。お取り替え致します。
ISBN　4-587-61861-6

Ⓡ〈日本複写権センター委託出版物〉
本書の全部または一部を無断で複写複製（コピー）することは，著作権法上での例外を除き，禁じられています。本書から複写する場合は日本複写権センター（03-3401-2382）にご連絡ください。

弁護士の仕事がわかる本
[改訂版]
受験新報編集部編　四六判・1500円＋税

弁護士の仕事、弁護士の日常の生活等を、いま第一線で活躍している９名の弁護士が紹介するほか、弁護士になるにはどうすればよいのかを収録。わかっているようでいてなかなかわかっていない、「弁護士の仕事って？」を出発点に解説した。将来法曹を目ざす人々にとって格好の一冊です。

裁判官の仕事がわかる本
[改訂版]
受験新報編集部編　四六判・1500円＋税

裁判所のしくみや取り扱う事件などをとおして、裁判官の仕事をやさしく解説。とくに、現役裁判官５名の方の、新任時代から現在に至るまでの裁判官としての活動、思いや悩み、家庭、日常生活などの手記は、将来、裁判官を志す人にとって、示唆に富んだ内容となっています。

法学書院